Dr. Norbert Preetz

Nie wieder Angst

So lösen Sie Ängste in Minuten

Zertifizierter Patientenratgeber

Dr. Norbert Preetz
Nie wieder Angst – So lösen Sie Ängste in Minuten

Erschienen im Verlag *Erfolg und Gesundheit*
4. Auflage, Februar 2015
Druck: „Spindulio spaustuve" GmbH, Litauen
Titelfoto: iStockphoto.com
Fotos: Foto-Atelier Schröder, Magdeburg
Satz: Susanne Benker
ISBN: 978-3-9814826-0-7

© Dr. Norbert Preetz, 2012, Alle Rechte vorbehalten

Das Buch ist auf hochwertigem chlorfrei gebleichtem, umweltfreundlichem Papier mit FSC-Zertifikat (Forest Stewardship Council) gedruckt.

Inhalt

Vorwort   15

Kapitel 1: Angst weg in fünf Minuten   19

- Entstehung der Angst
- Konditionierte (erlernte) Ängste und solche mit tiefer liegenden Ursachen
- Wie kann man erklären, dass selbst seit Jahren bestehende starke Ängste in wenigen Minuten aufgelöst werden können?

Kapitel 2: Selbstbehandlungsmethoden   25

- Einleitung
- Wann Sie welche Behandlungsmethode anwenden

2.1 Handflächen-Phobietechnik – Angst weg in fünf Minuten. So nehmen Sie Ihre Ängste in die eigenen Hände   29

- Ihr ganzer Körper liegt in Ihren Händen
- Wie Handflächentherapie funktioniert und bei welchen Ängsten sie sich besonders bewährt hat
- Vorteile der Handflächen-Phobietechnik
- Typischer Verlauf der wichtigsten Handlinien
- Handlinien und Behandlungspunkte bei getrennt verlaufender Hand- und Kopflinie
- Handlinien und Behandlungspunkte bei zusammenlaufender Hand- und Kopflinie
- Die drei Behandlungsschritte der Handflächen-Phobietechnik
- Wie stark die Behandlungspunkte gedrückt werden müssen
- So drückt man die Behandlungspunkte bei der Selbstbehandlung
- Was tun, wenn die Handflächentechnik keine befriedigenden Ergebnisse erbracht hat?
- Grenzen der Handflächentherapiemethode

Inhalt

- Fallbeispiel 1: Spinnenphobie
- Fallbeispiel 2: Hundephobie

2.2 Kino-Phobietechnik – Angst weg in zehn Minuten. So verändern Sie Ihren inneren Angstfilm   39

- Warum Ihr Kopfkino Angst auslöst und wie die Kinotechnik helfen kann
- Drei einfache Behandlungsschritte – so verändern Sie Ihren mentalen Angstfilm
- Die zerkratzte Schallplatte
- Fallbeispiel: Angst beim Autofahren

2.3 Klopftechnik – so klopfen Sie auch hartnäckigen Ängsten auf die Finger   45

- Was ist Klopfbehandlung und wie wirkt sie?
- Bewährte Anwendungsgebiete
- So einfach war Klopfen noch nie – eine „schlanke" Methode, die jeder erlernen und erfolgreich anwenden kann
- Grundannahmen der Klopfbehandlung
- Lokalisation der Behandlungspunkte
- Drei einfache Behandlungsschritte
- Der Erfolgstest – drei Gründe, warum er unbedingt erforderlich ist
- Eine psychische Blockade, die den Erfolg jeder Behandlungsmethode verhindern kann
- Eine einfache Methode, die psychologische Umkehr aufzulösen
- Wenn die Angst selbst zur Bedrohung wird – Angst vor der Angst und wie man sie überwindet
- Die drei Ebenen der Klopfbehandlung: Ohne dieses Wissen bleiben viele Behandlungen erfolglos
- Mit diesen Fragen finden Sie unverarbeitete Erlebnisse, die Ihren Ängsten zugrunde liegen
- Der Trittbrettfahrereffekt – so werden Sie Ihre Ängste „nebenbei" los
- Behandlungsbeispiel Höhenangst
- Was die Klopfbehandlung mit dem Einschlagen eines Nagels gemeinsam hat
- Die Behandlung von komplexen Ängsten und solchen mit vielen zugrunde liegenden Erlebnissen

- Wie viele Ursachen eine Angst haben kann und wie viele von ihnen behandelt werden müssen
- Noch bessere Wirkung durch Einflechten positiver Aspekte
- Was tun, wenn Sie die Heilung innerlich als unrealistisch ablehnen und ihr somit entgegenwirken?
- Die Verdünnungsmethode gegen „Überdosierung"
- Die Wahl-Methode bei innerer Rebellion
- Was tun, wenn die Klopfbehandlung nicht wirkt?
- Fallbeispiel: berufliche Ängste und Angst, ständig auf die Toilette gehen zu müssen

2.4 Selbsthypnose – so programmieren Sie sich auf Angstfreiheit   71

- Was Selbsthypnose ist und wie sie gegen Ängste helfen kann
- Kurzfristige Anwendung zur Linderung von Ängsten
- Längerfristige Anwendung, damit Ängste gar nicht erst auftreten
- So installieren Sie ein Programm der Angstfreiheit auf der Festplatte Ihres Unterbewusstseins
- Zwei einfache Suggestionen, die bei Errötungsangst helfen
- Wie oft eine Suggestion wiederholt werden sollte, um mit minimalem Aufwand maximale Wirkung zu erzielen
- Eine einfache Suggestion zur Überwindung von Prüfungsängsten
- Komplexe Suggestionen zur Überwindung von Prüfungsängsten
- So finden Sie Ihre eigenen, maßgeschneiderten Suggestionen
- Das Geheimnis erfolgreicher Suggestionen
- Gedächtnisverbesserung mit Selbsthypnose
- Die erfolgsentscheidenden zwei Unterschiede zwischen Affirmationen und Suggestionen
- Ein wichtiger Hinweis, der über Erfolg und Misserfolg entscheiden kann
- Die beiden größten Saboteure der Selbsthypnose
- Das wirkliche Kriterium für den Erfolg
- Sie waren schon Tausende Male in Hypnose
- Die optimale Geisteshaltung zum Erlernen der Selbsthypnose
- Anleitung zur Selbsthypnose
- Wie Sie ganz einfach Ihre eigene Selbsthypnose-Audioaufnahme erstellen
- Warum Sie Selbsthypnose auch ohne CD beherrschen sollten
- Text der Begleit-CD zur Einleitung der Selbsthypnose
- Selbsthypnose auf Knopfdruck – der einfachste Weg in die Selbsthypnose

Inhalt

- Ein Powerpaket – Selbsthypnose und angewandte Hirnforschung reichen sich die Hand
- Warum die Begleit-CD Ihre Selbsthypnose erfolgreicher macht und warum sie auch Menschen hilft, die Probleme haben, ohne Unterstützung zu entspannen und in Trance zu gehen
- Wann Sie die CD nicht anwenden sollten
- Hinweise zur Selbsthypnose mittels der Begleit-CD
- 1) Das Schließen der Augen
- 2) Verdoppelung der geistigen Entspannung
- 3) Zahlen verschwinden lassen
- Anwendung der Selbsthypnose-CD zur Angstbehandlung
- Worauf Sie achten müssen, wenn Sie die Selbsthypnose mittels CD einmal unterbrechen müssen
- Wie viel Zeit sollte zwischen zwei Selbsthypnosen liegen?

2.5 Symboltechnik: Power-Programmierung der Meisterklasse — 95

- Warum die Symboltechnik besonders auch für „Kopfmenschen" die Methode der Wahl ist
- So wenden Sie die Symboltechnik erfolgreich an
- Arbeitsblatt zur sofortigen Anwendung der Symboltechnik
- Die vier einfachen Schritte der Symboltechnik
- So oft sollten Sie Ihre Suggestionen wiederholen

2.6 Mantratechnik zur Angstbewältigung — 101

- Mantratechnik zur längerfristigen Angstbehandlung
- So beenden Sie die Selbsthypnose
- Was Sie tun sollten, wenn Sie nach der Selbsthypnose einschlafen wollen
- Wie oft die Selbsthypnose durchgeführt werden sollte

2.7 Aufdeckende Selbsthypnose – die Notwendigkeit, die Wurzeln der Angst zu finden — 105

- So lassen Sie die Ursachen Ihrer Ängste im Traum auftauchen
- So erkennen Sie die Ursachen Ihrer Ängste während der Selbsthypnose
- Wann die Kenntnis der Ursachen ausreicht, um eine Angst zu überwinden

Inhalt

- Wann die Kenntnis der Ursachen nicht ausreicht, um Ihre Ängste zu überwinden
- Vorgehen bei komplexen Ängsten
- Eine bewährte Methode, traumatische Erlebnisse zu heilen
- Was Sie tun können, falls Sie von einer traumatischen Erinnerung übermannt werden
- Was Sie tun können, wenn die Ursache der Angst nicht auftaucht
- Was Sie sonst noch tun können, um Ihre Ängste doch noch zu besiegen
- An wie vielen Ängsten Sie gleichzeitig arbeiten sollten
- Was tun bei störenden Gedanken?
- So vervielfachen Sie Ihren Berufs- und Lebenserfolg
- Was tun, wenn die Selbsthypnose nicht oder scheinbar nicht funktioniert?
- Blinde Flecken hinsichtlich der eigenen Fortschritte und Erfolge und was Sie tun können
- Bewährte Methoden zur Vertiefung der Selbsthypnose
- Die drei wichtigsten Geheimnisse für den Erfolg der Selbsthypnose

Kapitel 3: Wichtige Dinge, die Sie wissen sollten   119

3.1 Warum zuverlässige Heilmethoden manchmal nicht wirken – die wichtigsten inneren und äußeren Saboteure des Therapieerfolges   119

- Wie Chronifizierung die Angst von innen verfestigt
- Sekundärer Krankheitsgewinn – wenn ein Teil von Ihnen nicht gesund werden will
- Wie krankheitserhaltende Lebensumstände die Heilung verhindern können

3.2 Wie Sie Gesundheit und Angstfreiheit dauerhaft in Ihrem Leben verankern   125

3.3 Was Sie tun, wenn Sie noch nicht die gewünschten Ergebnisse erzielt haben   129

- Es gibt noch weitere unbearbeitete Ursachen der Angst
- Die Behandlung wurde noch nicht intensiv und lange genug durchgeführt
- Warum Angstfreiheit manchmal als Durchbruch eintritt und manchmal als Entwicklung

Inhalt

3.4 Kontraindikationen – wann die Selbsthilfemethoden nicht angewandt werden sollte 133

- Warum Selbsthilfemethoden manchmal nicht angebracht sind
- Wann Sie warum unbedingt einen Facharzt aufsuchen sollten
- Warum manche Angstpatienten „auf einem Auge blind" sind und warum das Gefühl, alles mit Selbsthilfemethoden in den Griff zu bekommen, manchmal trügerisch sein kann
- Typische Symptome von Erkrankungen, die mit einer Beeinträchtigung der Realitätswahrnehmung einhergehen
- Formale und inhaltliche Denkstörungen und Halluzinationen
- Absolute und relative Kontraindikationen
- Zwei Beispiele für relative Kontraindikationen

Kapitel 4: Hypnosetherapie der Angst 139

- Warum und wie Hypnosetherapie auch bei komplexen und tief verwurzelten Ängsten helfen kann
- Hypnoanalyse – das Skalpell unter den Therapiemethoden
- Fallbeispiel: Platzangst und Panikattacken

Inhalt

Anhang   **145**

1. Training der körperlichen Entspannung   **145**

- Wie Sie mit einem einzigen Wort körperlich entspannen können
- Ablauf der Entspannungsübung
- Was tun bei Verspannungen im Nacken-Schulter-Bereich

2. Angst   **149**

     2.1 Allgemeines   **149**

- Angst – eine natürliche Schutzreaktion des Körpers
- Die Schwelle zwischen gesunder und krankhafter Angst
- Was passiert bei Angststörungen im Körper?
- Die Folgen krankhafter Ängste

     2.2 Formen der Angst   **153**

         2.2.1 Agoraphobie – die Angst vor der Öffentlichkeit   **153**

- Typische Situationen, in denen Agoraphobie auftritt
- Die schlimmste Befürchtung agoraphobischer Patienten
- Warum Agoraphobie als schwerwiegendste unter den Phobien gilt

         2.2.2 Soziale Phobie – die Angst vor Menschen   **154**

- Der Unterschied zwischen Schüchternheit und sozialer Phobie

         2.2.3 Spezifische Phobien   **156**
         2.2.4 Panikstörung   **158**

- Zwei Arten der Panikstörung

         2.2.5 Generalisierte Angststörung   **158**

Inhalt

3. Grad der Hypnotisierbarkeit   **163**

4. Hirnwellenstimulation   **165**

- Was sind Gehirnwellen?
- Die wichtigsten Hirnwellen und die mit ihnen in Zusammenhang stehenden Aktivitäten und Bewusstseinszustände
- Erzeugung gewünschter Hirnwellen (Hirnwellenstimulation)
- Frequenz-Folge-Reaktion (FFR)

Über den Autor   **171**

Auf der Webseite zum Buch (www.niewiederangst.com) gibt es zahlreiche kostenlose nützliche Informationen, Tipps, Tricks, Audio- und Videodateien, die (nur) für die Leser des Buches zugänglich sind.

Stichwortverzeichnis   **173**

Inhalte der Begleit-CD zum Buch

Titel 1: Vorwort und wichtige Hinweise zur Anwendung der CD
Titel 2: Einleitung der Selbsthypnose (Selbsthypnose lernen und vertiefen)
Titel 3: Symboltechnik zur Programmierung des Unterbewusstseins auf Angstfreiheit
Titel 4: Überwindung von Ängsten durch Mobilisierung von Ressourcen

Literaturempfehlungen   **179**

Die Begleit-CD zum Kapitel „Selbsthypnose" ist im Lieferumfang des Papier-Buches enthalten, nicht aber im Lieferumfang des E-Books.

Vorwort

Angst ist eine Massenkrankheit. Millionen Menschen werden durch Ängste gelähmt und so an einem erfüllten, glücklichen, erfolgreichen und selbstbestimmten Leben gehindert. Sie fühlen sich ohnmächtig und dem „Schicksal" ausgeliefert. Schlimmer noch als die Angst ist das Gefühl, hilflos zu sein. Probleme existieren jedoch nicht, um uns das Leben schwer zu machen. Aus einer höheren Sichtweise sind sie Geschenke in einer unattraktiven Verpackung: Sie sind die Chance, zu lernen, zu wachsen und sich weiterzuentwickeln. Auch Ängste sind Herausforderungen, an denen Sie verzweifeln oder wachsen können. Wenn Sie bereit sind, den Käfig der Angst zu verlassen, Ihre Ängste und Ihr Leben in die eigenen Hände zu nehmen, dann finden Sie in diesem Buch die Hilfe, die Sie gesucht haben.

Sie lernen bewährte Methoden kennen, um sich selbst einfach, schnell und nachhaltig von Ängsten und Stresssymptomen zu befreien. Diese kraftvollen Werkzeuge kann jeder erlernen. Sie sind so einfach wie Malen nach Zahlen und ermöglichen es, auch hartnäckige Ängste zu überwinden.

Die Methoden des Buches sind jedoch kein Ersatz für die Behandlung durch qualifizierte Ärzte und Psychologen – vielmehr sollte man sie als Ergänzung der medizinischen und psychologischen Behandlung verstehen. Sie sind besonders als Hilfe für leichte Ängste geeignet. Bei starken Ängsten sollten Sie in jedem Fall auch einen Therapeuten konsultieren. Aufgrund ihrer Einfachheit eignen sich diese Methoden jedoch besonders gut zur Selbstanwendung und zur zusätzlichen Unterstützung einer Psychotherapie. Sie helfen Ihnen, die Verantwortung für Ihr persönliches Wohlbefinden im wahrsten Sinne des Wortes in die eigenen Hände zu nehmen. Wenn Sie sie regelmäßig anwenden, werden Sie feststellen, dass schon wenige Minuten am Tag ausreichen, um langfristig eine überaus positive Wirkung für Ihr Leben zu erzielen.

Wo in Ihrem Leben gibt es Ängste, die Sie daran hindern, gesünder, erfolgreicher oder glücklicher zu sein? Welche Chancen haben Sie in Ihrem Leben aufgrund Ihrer Ängste verpasst? Wie würde sich Ihr privates und berufliches Leben verbessern, Ihre finanzielle Situation, Ihre Lebensqualität und Ihre Zukunft, wenn Sie selbst langjährige Ängste lösen könnten? Was, wenn diese Methoden nichts kosteten und Ihnen als Selbsthilfemethoden jederzeit zur Verfügung stünden?

Vorwort

Schließen Sie bitte für zehn Sekunden die Augen und malen Sie sich aus, wie Ihre Zukunft ohne Ängste aussehen würde. Es ist wichtig, bitte tun Sie es JETZT!

Wenn Sie Ihre Ängste überwunden haben, sind Sie nicht nur gesünder, zufriedener und erfolgreicher. Sie sind auch stärker und selbstbewusster, haben mehr Selbstvertrauen und sind besser als je zuvor in der Lage, auch weitere Herausforderungen des Lebens zu meistern. Sie sind zu einem Leuchtturm geworden, an dem sich andere Menschen orientieren können. Sie haben die Opferrolle verlassen, Ihr „Schicksal" in die eigenen Hände genommen und sind auf dem Weg zu einem zufriedenen, glücklichen, erfolgreichen und selbstbestimmten Leben.

Wenn Sie die Methoden aus diesem Buch langfristig anwenden, ist es Ihnen möglich, Ihren inneren Autopiloten auf Gesundheit, Glück und Erfolg zu programmieren und Ziele zu erreichen, die Ihnen aus heutiger Sicht unerreichbar erscheinen. Denn wenn der Horizont Ihrer Ziele Realität geworden ist, eröffnet sich Ihnen ein neuer Horizont und danach wieder ein neuer.

Ich bin glücklich und dankbar, Sie ein Stück dieses Weges begleiten zu dürfen, und wünsche Ihnen viel Erfolg.

Ihr
Dr. Norbert Preetz

Kapitel 1

Angst weg in fünf Minuten

Es wird geschätzt, dass allein in Deutschland acht Millionen Menschen unter behandlungsbedürftigen Angststörungen leiden. Etwa 15 Prozent der Bevölkerung entwickeln mindestens einmal im Leben eine schwere Angststörung – Tendenz steigend. Ängste können das Leben ebenso stark beeinträchtigen wie körperliche Behinderungen. Die Folgen von Angststörungen betreffen alle Aspekte des Lebens. Sie umfassen psychische und körperliche Symptome und können zu schwersten Beeinträchtigungen im persönlichen und beruflichen Leben führen.

Vermutlich haben auch Sie gehört oder vielleicht sogar selbst erlebt, dass Ängste sich Behandlungsversuchen hartnäckig widersetzen können. Therapien dauern viele Jahre.

Viele Menschen mit therapiebedürftigen Ängsten werden nicht behandelt. Dabei kann so manch einem von ihnen mit relativ einfachen Mitteln geholfen werden. Wussten Sie, dass manche Ängste in wenigen Minuten vollständig und dauerhaft gelöst werden können, selbst wenn sie stark ausgeprägt sind und schon seit vielen Jahren bestehen? In diesem Buch lernen Sie Methoden kennen, die es ermöglichen, solche Ängste in wenigen Minuten zu überwinden. Um zu verstehen, wieso das möglich ist, werden wir uns zunächst mit der Entstehung von Angst beschäftigen.

Entstehung der Angst

Rascher als alles andere entsteht Angst.
(Leonardo da Vinci)

Ängste können verschiedene Ursachen haben, zum Beispiel eine psychische Erkrankung, eine Erkrankung des Nervensystems oder eine körperliche Erkrankung. Beispiele für Erkrankungen des Nervensystems, die Ängste verursachen können, sind Erkrankungen, die mit *Schmerz- oder Schwindelattacken* einhergehen, oder auch Verletzungen mit Gehirnblutungen sowie Entzündungen und Abbauprozesse im Gehirn, etwa Demenzerkrankungen oder Parkinson.

Bei den körperlichen Erkrankungen, die Ängste auslösen können, stehen *Herzkrankheiten*, *Atemwegserkrankungen* und *Schilddrüsenüberfunktion* im Vordergrund. Ängste können auch Folge von Missbrauch oder Entzug von Alkohol, Medikamenten oder Drogen sein. Studien mit eineiigen Zwillingen legen nahe, dass genetische Einflüsse eine eher geringe Rolle spielen.

In diesem Buch geht es um Ängste mit psychischen Ursachen, also Ängste, bei denen der Arzt sagt, er könne keine Ursache feststellen. Ängste können bei fast jedem psychischen Krankheitsbild auftreten, insbesondere jedoch bei *Angststörungen*, Depressionen und Zwangsstörungen.

Bei der Entstehung von psychisch bedingten Ängsten gibt es zwei zentrale Mechanismen. Im ersten Fall handelt es sich um Angst als erlernte Reaktion, sehr häufig in Form der konditionierten Angst. Im zweiten Fall ist die Angst Ausdruck tiefer liegender emotionaler Probleme, wie zum Beispiel unbewusste emotionale Konflikte oder unbewältigte belastende Situationen. Entsprechend der verschiedenen Entstehungsmechanismen unterscheiden sich sowohl die Vorgehensweisen bei der Behandlung als auch die Erfolgsaussichten, die Ängste in wenigen Minuten lösen zu können.

Konditionierte (erlernte) Ängste und solche mit tiefer liegenden Ursachen

Das Konzept der Konditionierung geht auf den russischen Nobelpreisträger Iwan Pawlow zurück. Bei seinen Studien an Hunden entdeckte er, dass es neben den unbedingten auch bedingte Reflexe gibt. Bei einem unbedingten Reflex folgt auf einen Auslösereiz eine biologisch vorgegebene Reaktion. So reagierten Pawlows Hunde mit Speichelsekretion, wenn ihnen das Futter gebracht wurde. Diese Reaktion ist genetisch programmiert und tritt in jedem Fall zwingend auf. Wenn etwa zeitgleich mit dem ersten Reiz ein anderer Reiz auftritt, kann dieser ebenfalls zum Auslöser werden. Pawlow ließ dazu unmittelbar vor der Futtergabe eine Lampe aufleuchten. Nachdem die Hunde dies mehrfach erlebt hatten, reichte es aus, die Lampe einzuschalten, um die Speichelreaktion auszulösen. Der zuvor neutrale Reiz „Lampe" war zum Auslöser für den Speichelfluss geworden.

Auf diese Weise können zufällig oder auch gezielt beliebige Reize zum Auslöser bedingter Reflexe werden. Das gilt auch für Angst. Wenn ein Mensch (oder Tier)

eine angstbesetzte Situation erlebt, können Merkmale dieser Situation Auslösefunktion für die Angst erlangen. Stellen Sie sich vor, jemand fährt in der Dämmerung bei Schnee mit dem Auto. Während er die Kontrolle über seinen Wagen verliert und so einen schweren Unfall verursacht, der ihn fast das Leben kostet, ertönt in der Ferne zufällig das Nebelhorn eines Schiffs. Selbst Wochen oder Monate später kann der Fahrer in der Dämmerung, wenn er ein Nebelhorn hört oder beim Fahren auf Schnee, bewusst oder unbewusst an den Unfall erinnert werden und starke Angst bekommen. Jeder dieser Umgebungsreize, die der Fahrer während des Unfalls wahrnahm, kann zum Auslöser von Angst werden.
Jeder macht solche Erfahrungen, auch wenn sie nicht immer so dramatisch sind. Sie kennen das sicher auch. Wenn Sie im Radio ein Lied hören, das auf der Beerdigung eines geliebten Menschen gespielt wurde, macht es Sie traurig. Der Geruch von Zimtplätzchen, die Sie beim ersten Rendezvous mit Ihrer ersten großen Liebe gegessen haben, versetzt Sie in eine romantische Stimmung.

Damit ein Reiz zum Auslöser für Angst oder Panik werden kann, muss er hinreichend oft in zeitlichem Zusammenhang mit dem entsprechenden Gefühl auftreten. In einer emotional stark geladenen Situation kann jedoch eine einzige Konditionierung ausreichen, um diese Verknüpfung herzustellen. Genau dies ist beim Beispiel des Autounfalls geschehen. Ein zuvor neutraler Reiz (Nebelhorn) erlangt durch das zeitliche Zusammentreffen mit einer starken Emotion (Todesangst während des Unfalls) Auslösefunktion für diese Emotion. So, wie die Lampe bei Pawlows Hund den Speichelfluss auslöst, löst das Nebelhorn die Angst beim Autofahrer aus. Weil diese Konditionierung unbewusst erfolgt, kommt die Angst wie aus heiterem Himmel. Jedes Geräusch, jeder Anblick oder irgendein anderer Reiz kann zum Angstauslöser werden und Sie wissen nicht, wie Ihnen geschieht.

Konditionierung ist also die Verbindung eines Reizes mit einer körperlichen und/oder einer emotionalen Reaktion. Die Konditionierung kann gezielt erfolgen oder sie entsteht in der Situation quasi zufällig. Wir bemerken dabei nicht, dass eine Konditionierung erfolgt. Es kann sogar sein, dass wir den Reiz, der zum Auslösereiz wird, bewusst gar nicht wahrnehmen. Es kann auch sein, dass die Situation, in der die Konditionierung erfolgte, viele Jahre oder gar Jahrzehnte zurückliegt und vollkommen vergessen wurde.

Pawlow wies außerdem nach, dass man Neurosen und Ängste gezielt konditionieren und wieder heilen kann. So konditionierte er bei seinen Hunden gezielt eine Angstreaktion, die er anschließend wieder löschte.

Angst weg in 5 Minuten

Eine Patientin suchte mich in meiner Praxis auf, weil sie seit frühester Kindheit panische Angst vor Tauben hatte und in zunehmendem Maße auch Angst vor allen anderen Vögeln. Es stellte sich heraus, dass sie als wenige Monate altes Kind im Kinderwagen von einer Taube angeflogen worden war, die sich für einen kurzen Augenblick auf ihrem Gesicht niederließ, sodass sie glaubte, ersticken zu müssen. Die Todesangst und die Panik, die das Kind in dieser Situation erlebte, wurden mit dem Auslöser „Taube" fest verknüpft (konditioniert) und fortan immer wieder beim Anblick von Tauben wachgerufen. Die Erinnerung an das Ereignis wurde vergessen, die in dieser Situation entstandenen Gefühle von Angst und Panik jedoch nicht.

Eine vergessene oder verdrängte Erinnerung bedeutet also nicht, dass auch die mit ihr verknüpften Gefühle verschwunden sind, denn sie haben sich tief in das Gehirn eingebrannt und können später durch einen Erinnerungs- oder Ähnlichkeitsreiz wieder wachgerufen werden.

Wenn also jemand Angst bekommt, ohne zu wissen warum, kann dies daran liegen, dass die der Angst zugrunde liegende Situation vollständig vergessen wurde (wie im Beispiel mit der Taube). Es kann aber auch sein, dass der auslösende Reiz zwar bekannt ist, aber nicht bewusst wahrgenommen wurde (zum Beispiel das Nebelhorn in der Ferne). Ein weiterer Grund kann darin bestehen, dass die Angst nicht durch Konditionierung entstanden, sondern dass sie Ausdruck eines tiefer liegenden Problems ist. Im letztgenannten Fall ist die Angst ein Symptom, ein Signal, das anzeigt, dass es ein tiefer liegendes Problem gibt, das gelöst werden will.

Wie kann man erklären, dass selbst seit Jahren bestehende starke Ängste in wenigen Minuten aufgelöst werden können?

Das Gehirn kann Angstreaktionen unmittelbar ein- und ausschalten. Es gibt im Gehirn eine aus zwei Schaltkreisen bestehende Region, die Mandelkern genannt wird. Deren erster Schaltkreis ist für das Entstehen einer Angstreaktion zuständig. Der zweite Schaltkreis kann die Angstreaktion wieder aufheben. Eine Angstreaktion kann aber nicht nur kurzfristig ausgelöst und wieder abgeschaltet werden. Das Gehirn ist auch in der Lage, Ängste langfristig zu verankern und wieder zu löschen.

Eine sinnvolle Funktion des Gehirns besteht darin, dass Erinnerungen nicht fest verankert sind, sondern dass sie in einem dynamischen Prozess immer wieder neu abgespeichert werden. Es ist also möglich, den emotionalen Gehalt einer Erinnerung zu ändern und neu im Gehirn abzulegen. Weil bei der Erinnerung an eine

Situation dieselben Hirnstrukturen aktiviert werden wie in der ursprünglichen Situation, ist es möglich, in einer therapeutischen Sitzung die unverarbeitete Situation wachzurufen und die mit dieser Situation verbundenen Gefühle zu ändern. Die Erinnerung wird nun vom Gehirn als neutral abgespeichert. Eine ehemals traumatische Situation ist jetzt eine neutrale Erinnerung und kann keine Angst oder Panik mehr auslösen.

Die moderne Forschung zeigt, dass das Gehirn über eine enorme Plastizität (Formbarkeit) und ein riesiges Heilungspotenzial verfügt. In traumatischen Situationen reagiert das Gehirn bereits unmittelbar nach dem Schockerlebnis mit nachweisbaren Veränderungen in Struktur und Funktion. Selbst in ganz alltäglichen, undramatischen Lernsituationen geschieht die Neuverdrahtung blitzschnell. Die neu entstehenden neuronalen Strukturen sind langfristig stabil. Die gleiche Hirnplastizität, die bei einer Traumatisierung oder bei der Konditionierung von Angstreaktionen zum Beispiel in einer Schrecksekunde zu Veränderungen im Gehirn führt, ist auch für die Überwindung eines Traumas und von Ängsten verfügbar.

Kapitel 2

Selbstbehandlungsmethoden

Einleitung

Beherzt ist nicht, wer keine Angst kennt, beherzt ist, wer die Angst kennt und sie überwindet

(Khalil Gibran)

In den nachfolgenden Kapiteln lernen Sie vier Methoden kennen, mit deren Hilfe es möglich ist, sowohl spezifische (einfache) Ängste und Phobien als auch komplexere und tiefer liegende Ängste aufzulösen. Die ersten beiden Methoden, die Handflächen-Phobietechnik und die Kinotechnik, sind insbesondere für die Behandlung von spezifischen Ängsten geeignet, die keinen verborgenen emotionalen Hintergrund haben. Bei komplexeren und hartnäckigen Ängsten empfiehlt es sich, sowohl die Klopfbehandlung als auch die Selbsthypnose anzuwenden.

Je nach Ursache können Angst und Angst zwei völlig verschiedene Dinge sein, ähnlich wie zwei gleich aussehende Wasserschäden in einem Haus. In dem einen Fall kann die „Behandlung" des Schadens lediglich erfordern, eine porös gewordene Dichtungsfuge am Fenster auszuwechseln oder eine undichte Stelle der Dachrinne abzudichten. In einem anderen Fall kann ein sehr viel ernsthafterer Schaden am Dach die Ursache sein, dessen Beseitigung viel aufwendiger ist.

Weil die Handflächen-Phobietechnik und die Kinotechnik einfach anzuwenden sind, nicht viel Zeit in Anspruch nehmen, unmittelbar wirken und eine rasche emotionale Entlastung ermöglichen, macht es gerade bei spezifischen Ängsten Sinn, diese Methoden im Rahmen einer Selbstbehandlung als Erstes anzuwenden. Vielleicht reicht es in Ihrem Fall aus, die undichte Stelle der Dachrinne abzudichten, um eine vollständige Befreiung von der Angst zu erreichen.

Falls diese Methoden keine zufriedenstellende Wirkung zeigen, haben Sie nicht viel Zeit und Mühe investiert und können sich gleich der Klopfbehandlung oder der Selbsthypnose zuwenden. Durch dieses Vorgehen ist sichergestellt, dass Sie

Selbstbehandlungsmethoden

mit den am schnellsten wirkenden Methoden beginnen und in vielen Fällen bereits nach kurzer Zeit eine spürbare Besserung erfahren.

Wenn von vornherein abzusehen ist, dass es sich um einen größeren Feuchtigkeitsschaden handelt, der sich an verschiedenen Stellen des Hauses zeigt und vielleicht auch durch verschiedene Quellen gespeist wird, ist es jedoch ratsam, gleich eine gründliche Sanierung in Angriff zu nehmen. Wenn Sie also unter Ängsten leiden, die in vielen verschiedenen Situationen auftreten, und Ihr Gefühl Ihnen sagt, dass ein größerer Sanierungsaufwand erforderlich sein wird, empfiehlt es sich, gleich mit Klopfbehandlung und Selbsthypnose zu beginnen und beide Methoden gemeinsam anzuwenden, weil diese in Kombination miteinander die größte Durchschlagskraft haben.

Zur Anwendung der jeweiligen Selbsthilfemethode arbeiten Sie das entsprechende Kapitel durch und folgen der Schritt-für-Schritt-Anleitung. Bevor Sie jedoch mit der Selbstbehandlung beginnen, sollten Sie Ihren Hausarzt aufsuchen, um mögliche organische Ursachen auszuschließen. Dieser wird auch mit Ihnen besprechen, ob es über eine Selbstbehandlung hinaus sinnvoll ist, einen Therapeuten oder Facharzt zu konsultieren.

Wenn Sie sich in psychiatrischer oder psychotherapeutischer Behandlung befinden, sollten Sie unabhängig von einer Überweisung durch den Hausarzt vor Anwendung der Selbsthilfemethoden auch Ihren Psychiater oder Psychotherapeuten konsultieren. Dieser wird mit Ihnen besprechen, ob beispielsweise eine psychiatrische Erkrankung oder Komplexstörung vorliegt, die mit Ängsten einhergeht, aber nicht in Eigenregie mit autosuggestiven Methoden wie der Selbsthypnose behandelt werden sollte.

Ihr Psychiater oder Psychotherapeut wird ebenfalls mit Ihnen erörtern, ob Kontraindikationen vorliegen wie beispielsweise psychotische Zustände, zum Beispiel bei einer Schizophrenie, oder ob relative Kontraindikationen vorliegen wie beispielsweise schwere Persönlichkeitsstörungen. Hier ist es möglich, dass die Selbsthypnose eher zu einer Verschlechterung des Gesundheitszustandes führt als zu einer Verbesserung.

Kapitel 2.1

Handflächen-Phobietechnik
– Angst weg in fünf Minuten.
So nehmen Sie Ihre Ängste in die eigenen Hände

Unser Körper ist ein hochkomplexes System. Wie bei einem Hologramm scheint die gesamte Information des Körpers auch in seinen einzelnen Teilen vorhanden zu sein. Alle Organe sind beispielsweise in verschiedenen Bereichen der Haut, den sogenannten Head'schen Zonen, repräsentiert. Die Stimulation dieser Hautabschnitte bewirkt gleichzeitig eine Stimulation der dazugehörigen Organe. Ohr-Akupunkteure wiederum wissen, dass alle Organe und Bereiche des Körpers im Ohr abgebildet sind. So ist es möglich, mittels Akupunktur eines einzigen Ohres den gesamten Körper zu behandeln. Alternativ arbeitende Ärzte bedienen sich auch der Iris-Diagnostik, die davon ausgeht, dass ebenso wie im Ohr auch im Auge alle Organe und Organsysteme abgebildet sind. Ähnlich scheint es sich mit den Händen zu verhalten. Dies macht sich auch die Handflächen-Phobietechnik zunutze, die in Anlehnung an die Handflächen-Therapie entstand.

Begründer der Handflächen-Therapie (Palmtherapy) ist der bis zu seinem Tod in den USA lebende israelische Naturarzt Dr. Moshé Zwang. Er entwickelte eine Methode zur Behandlung emotionaler Probleme durch Stimulation von bestimmten Bereichen der Hand. Zwang geht davon aus, dass verschiedene Bereiche des Gehirns in den Händen repräsentiert sind. Mittels der Stimulation bestimmter Linien und Punkte der Hände kann man so gezielt auf Gehirn und Nervensystem einwirken und beispielsweise eine Verminderung von krankhafter Überaktivität im Angstzentrum des Gehirns und damit eine Harmonisierung erreichen, wodurch das emotionale Gleichgewicht wiederhergestellt wird. Durch die Handflächen-Therapie kommt es laut Zwang zu einer Verminderung belastender „negativer" und zur Verstärkung positiver Gedanken, Gefühle und Verhaltensmuster. Gestaute Lebensenergie kann wieder fließen und blockierte Regenerationsprozesse werden aktiviert.

Die Handflächen-Phobietechnik hat sich besonders bei der Behandlung von spezifischen Ängsten bewährt (Ängste vor bestimmten Tieren, Gegenständen oder

Handflächen-Phobietechnik

Situationen), insbesondere, wenn sie konditioniert sind, also durch den zeitlichen Zusammenhang mit einem Auslösereiz erlernt wurden.

Wie bereits beschrieben, ist dieser Zusammenhang oft nicht bewusst, man erlebt die Angst als völlig grundlos oder wie aus heiterem Himmel kommend.

Woher wissen Sie aber, ob Ihre Angst konditioniert ist und ob sie mit dieser Methode geheilt werden kann? Die Antwort lautet: Sie müssen es nicht wissen. Sie wenden die Methode an und werden innerhalb weniger Minuten feststellen, ob sich Ihre Angst vermindert.

Ein Rentner berichtete, dass er sein ganzes Leben lang Angst davor hatte, ins Wasser zu gehen. Ausgelöst wurde diese Angst, als er beim Militärdienst ein Telefonkabel durch einen Kanal verlegen musste und ein anderer Soldat, der dies für einen Scherz hielt, das zu verlegende Kabel durch Drehen an der Kurbel des Feldtelefons unter Strom setzte. Durch den Stromschlag reagierte der junge Soldat, als ob er auf einen Zitteraal getreten wäre. Er war wie gelähmt und wäre fast ertrunken. Seit dieser Zeit war allein die Vorstellung, ins Wasser zu gehen, als lebensgefährliche Situation in seinem Gehirn abgespeichert. Aufgrund der Angst konnte er selbst bei größter Hitze nicht mehr als knöcheltief im Wasser stehen. Dies ist übrigens ein weiteres Beispiel dafür, dass eine einzige, stark emotional geladene Situation ausreichen kann, um eine lebenslange Angststörung auszulösen.

Mit der hier beschriebenen Handflächen-Technik ist es bei derartig konditionierten Ängsten möglich, diese innerhalb von wenigen Minuten zu löschen. Ein anderer großer Vorteil dieser Behandlungsmethode besteht darin, dass diese Technik leicht zu lernen und anzuwenden ist. Für die Behandlung von Phobien ist dabei lediglich das Drücken von zwei Punkten erforderlich. Moshé Zwang vergleicht die Wirkung der Handflächen-Phobietechnik mit dem Zerkratzen einer Schallplatte mittels eines Schraubenziehers: Hinterher könne die Platte nie mehr so abgespielt werden wie zuvor.

Handlinien und Behandlungspunkte

Bevor Sie die Handflächen-Phobietechnik anwenden, sollten Sie sich mit den Handlinien und den Behandlungspunkten sowie mit dem Ablauf der Behandlung vertraut machen. Sie müssen dabei lediglich drei Handlinien (Herzlinie, Kopflinie, Lebenslinie) und zwei Druckpunkte kennen.

Handflächen-Phobietechnik

Um die Linien und Behandlungspunkte besser zu erkennen, hat es sich bewährt, diese beim ersten Mal mit einem Stift auf der eigenen Hand nachzuzeichnen und auch die Behandlungspunkte zu markieren. Falls Sie nicht nur sich selbst, sondern auch anderen helfen wollen, betrachten Sie noch die Hände weiterer Personen, bis Ihnen deren Handlinien und Behandlungspunkte vertraut sind und Sie diese leicht finden können.

Für die Wahl der Behandlungspunkte ist es wichtig herauszufinden, ob Lebens- und Kopflinie getrennt verlaufen oder nicht. Suchen Sie diese Linien in den eigenen Händen und stellen Sie fest, ob Lebens- und Kopflinie sich treffen und beide auf dem letzten Stück an der Daumenseite der Handfläche als gemeinsame Linie verlaufen.

Abbildung 1 zeigt den typischen Verlauf der wichtigsten Handlinien:

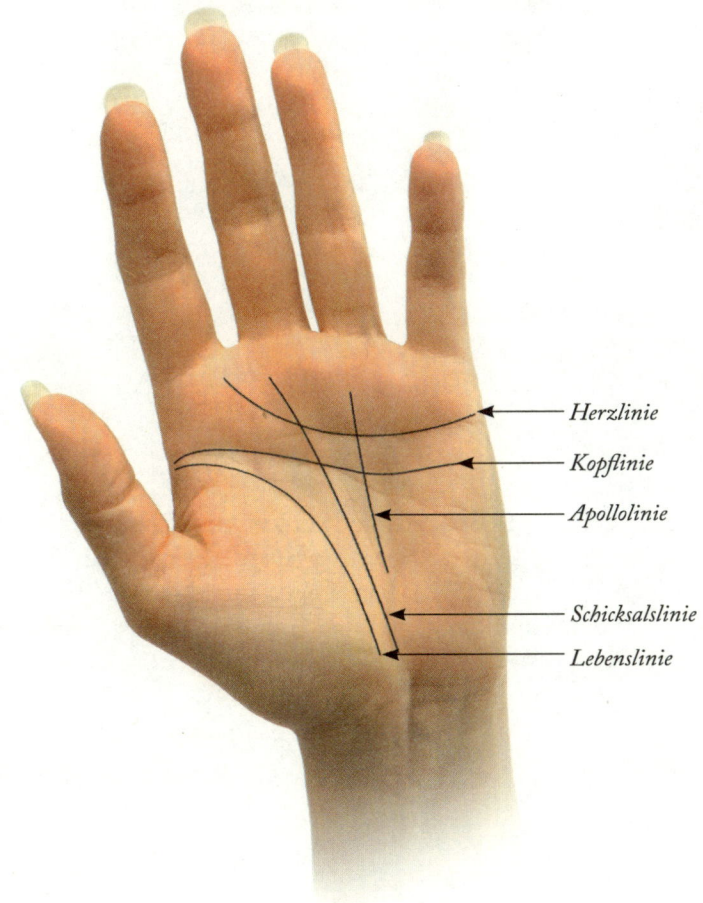

Abbildung 1

Handflächen-Phobietechnik

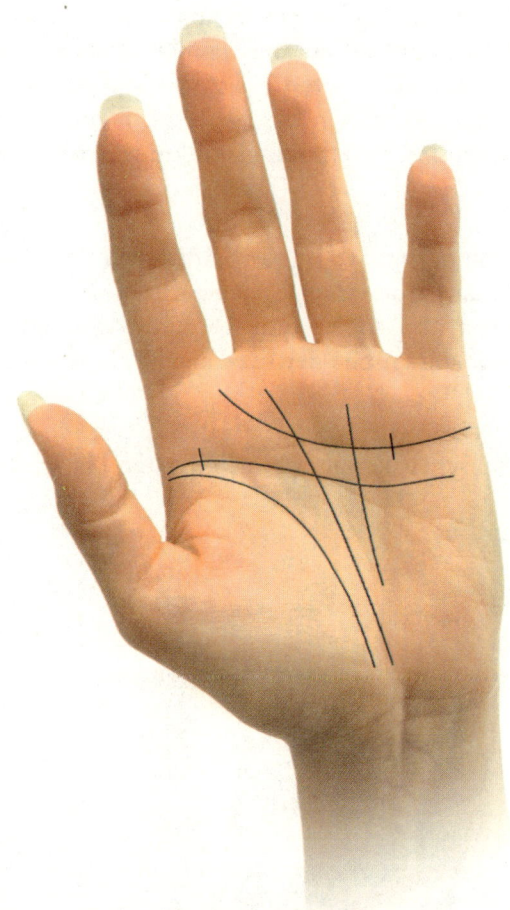

Abbildung 2

Abbildung 2 zeigt die Behandlungspunkte der Handflächen-Therapie, wenn Lebenslinie und Kopflinie getrennt verlaufen. Der Behandlungspunkt auf der Herzlinie liegt dabei zwischen Ringfinger und kleinem Finger. Der Behandlungspunkt auf der Kopflinie befindet sich unterhalb des Zeigefingers, etwa einen halben Zentimeter vom Beginn der Kopflinie entfernt.

Handflächen-Phobietechnik

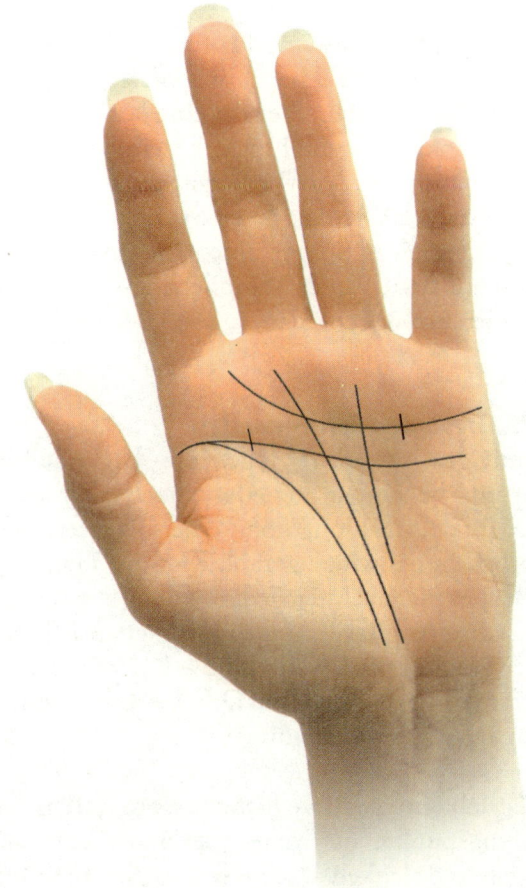

Abbildung 3

Abbildung 3 zeigt die Druckpunkte für den Fall, dass Lebens- und Kopflinie zusammenlaufen.

Weil laut Moshé Zwang die Lebenslinie nicht gedrückt werden darf, verschiebt sich der Behandlungspunkt bei sich treffender Lebens- und Kopflinie so weit in Richtung Handfläche, dass sichergestellt ist, dass die Lebenslinie unberührt bleibt.

Handflächen-Phobietechnik

Behandlungsschritte

Behandlungsschritt 1: Angst benennen und Intensität bestimmen

Zunächst benennen Sie Ihre Angst und bestimmen deren Intensität. Nehmen wir als Beispiel eine Spinnenphobie. Stellen Sie sich eine konkrete Angstsituation vor und schätzen Sie auf einer Skala von null bis zehn ein, wie stark Ihre Angst bei der Vorstellung dieser Situation ist. Null bedeutet, es ist überhaupt keine Angst vorhanden, zehn bedeutet die stärkste Angst, die Sie sich vorstellen können. Wenn beispielsweise die Vorstellung einer Spinne eine starke Angst der Intensität acht auslöst, schreiben Sie auf ein Blatt Papier: „Spinnenangst 8". Jetzt haben Sie einen Ausgangswert, der es Ihnen ermöglicht, das Ausmaß der Veränderungen zu beurteilen.

Behandlungsschritt 2: Angstsituation vorstellen

Stellen Sie sich nun mit geschlossenen Augen die Angst auslösende Situation möglichst lebendig vor und benennen Sie jedes einzelne der von Ihnen wahrgenommenen Symptome. Ihre Aufzählung könnte beispielsweise so lauten: „Angst, Herzrasen, Schweißausbruch, Schwindelgefühl, Kloß im Hals, Bedürfnis wegzulaufen". Sie müssen sich aber nicht sehr lange dieser Angst machenden Vorstellung aussetzen. Während Sie Ihre Angstsymptome benennen, drückt ein Partner beide Behandlungspunkte der linken Hand, während Sie für weitere zehn Sekunden an die Angst auslösende Situation denken. Der Druck erfolgt dabei immer mit den Nägeln beider Daumen, quer zu den Handlinien.

Behandlungsschritt 3: Sich eine positive Situation vorstellen

Während die Behandlungspunkte für weitere zwei Minuten gedrückt werden, öffnen Sie nun die Augen und denken an eine sehr angenehme Situation (Urlaub, Hobby, Partner, Kinder, Haustier o. Ä.). Am einfachsten ist es wieder, diese positive Situation Ihrem Partner zu beschreiben. Dieser kann nachfragen, was Ihnen an dieser Situation besonders gefällt, und Ihnen damit helfen, Ihre Aufmerksamkeit auf weitere Einzelheiten dieser Situation zu richten.

Erfolgstest

Stellen Sie sich nun mit geschlossenen Augen die Situation, die vorher die starken Ängste ausgelöst hat, erneut und möglichst lebendig vor. Versuchen Sie ernsthaft, die Symptome und die Angst wieder wachzurufen, die Sie erlebt haben, als Sie sich die Situation vor wenigen Minuten das erste Mal vorgestellt haben. Wenn die Behandlung gewirkt hat, sollten Sie jetzt keine Angst mehr verspüren. Das

Handflächen-Phobietechnik

Ziel gilt als erreicht, wenn die Intensität der Angst auf der Skala von null bis zehn einen Wert von zwei, eins oder null erreicht hat. Dies kann bei den beschriebenen Ängsten häufig in einem einzigen Durchlauf der hier beschriebenen Behandlung erreicht werden. Falls nach der ersten Behandlung immer noch Symptome bestehen, wiederholen Sie die Behandlungsschritte 1 bis 3 mit der rechten Hand.

Warum wird empfohlen, die Druckpunkte der linken Hand zu verwenden?
Die Behandlungspraxis hat gezeigt, dass bei den meisten Menschen der Erfolg bei Verwendung der linken Hand größer ist. Nach Moshé Zwang könnte dies darin begründet sein, dass die linke Hand mit der rechten Gehirnhälfte verbunden ist, in der bei den meisten Menschen die überwiegende Verarbeitung von Emotionen geschieht.

Wie stark sollten die Behandlungspunkte gedrückt werden?
Hier gibt es zwei unterschiedliche Auffassungen. Die eine besagt, dass die Punkte nur leicht gedrückt werden müssen, um den gewünschten Erfolg zu erzielen. Andere Therapeuten sind überzeugt, es müsse sogar etwas wehtun, sonst wirke die Methode nicht. Ich selbst übe meistens einen mittelstarken Druck aus. Manchmal drücke ich intuitiv auch etwas stärker. In beiden Fällen habe ich positive Ergebnisse gesehen. Falls Sie also mit leichtem oder mittelstarkem Druck auf die Behandlungspunkte keinen Erfolg erzielen, versuchen Sie es durchaus einmal mit einem stärkeren Druck.

Was tun, wenn die Handflächentechnik keine befriedigenden Ergebnisse erbracht hat?
Versuchen Sie es zunächst einmal mit einem stärkeren Druck auf die Behandlungspunkte. Wenn dies nicht hilft, können Sie die Kinotechnik (Kapitel 2.2) anwenden oder gleich zur Klopftechnik (Kapitel 2.3) oder zur Selbsthypnose (Kapitel 2.4) übergehen. Wenn auch die Kinotechnik keine spürbare Erleichterung bewirkt, sollte auf jeden Fall die Bearbeitung der mit der Angst verbundenen emotionalen Themen im Vordergrund stehen.

Grenzen der Handflächen-Therapiemethode

Die Handflächen-Therapie hat schon vielen Menschen geholfen. Sie ist aber, ebenso wie die anderen Methoden aus diesem Buch, kein Allheilmittel. Weil Veränderungen durch sie in wenigen Minuten erreicht werden können, ist es durchaus sinnvoll, dieser Methode insbesondere bei Phobien am Anfang der Behandlung eine Chance zu geben. Wenn die Angst Ausdruck und Symptom eines verborgenen emotionalen Konfliktes ist, wird in aller Regel eine Aufarbeitung unumgänglich sein.

Handflächen-Phobietechnik

Fallbeispiel 1: Spinnenphobie

Frau F. litt unter einer starken Spinnenphobie. Weil sie auf dem Lande lebte und ihr Haus immer wieder von Spinnen „heimgesucht" wurde und sie jedes Mal panische Angst bekam, wenn sie eine Spinne auch nur von Weitem sah, war ihre Lebensqualität durch diese Angst stark beeinträchtigt. Bereits der Gedanke an eine kleine Spinne im Abstand von einigen Metern löste bei ihr heftige Ängste der Intensität zehn aus, verbunden mit Panikgefühlen, Magenkrämpfen, Schweißausbrüchen und einem starken Druck auf der Brust.

Nach dem Drücken der Behandlungspunkte lächelte sie bei der erneuten Vorstellung einer Spinne und sagte: „Eigentlich müsste ja die Spinne Angst haben, die ist viel kleiner als ich." Mehrere Wochen später schrieb sie mir eine E-Mail, in der sie mitteilte, dass sie „Spinnen zwar noch immer nicht besonders mag", aber jetzt in der Lage sei, sie „mittels Handfeger und Kehrschaufel zu entfernen". Ihren ursprünglichen Plan, alle Spinnen ihres Hauses mittels Staubsauger zu „vernichten", hatte sie fallen gelassen, „weil mir die kleinen Viecher irgendwie leidtun". Nachdem sie wiederholt verschiedene Spinnen entfernt hatte, sei auch das anfänglich noch bestehende flaue Gefühl im Magen vollkommen verschwunden.

Fallbeispiel 2: Hundephobie

Ängste vor Tieren wie bei Hunde-, Schlangen- und Spinnenphobien entstehen häufig durch Konditionierung, beispielsweise wenn ein Kind erschreckt und ihm gleichzeitig eine Spinne vor das Gesicht gehalten wird. Im Kapitel 1 haben wir zwei zentrale Mechanismen für die Entstehung von Ängsten beschrieben. Insbesondere bei der Entstehung von Tierphobien spielt häufig soziales Lernen eine Rolle. Diese „soziale Vererbung" geschieht durch unbewusste Übernahme der Ängste wichtiger Bezugspersonen. Zur Illustration hier ein zweites Fallbeispiel:

Eine etwa 40-jährige Frau mit einer Hundephobie berichtete: „Ich habe Angst vor Hunden, besonders vor großen Hunden. Das habe ich von meiner Mutti übernommen. Meine Mutter wurde als Kind von einem Hund gebissen und hat daher panische Angst. Das hat sie auf uns Kinder übertragen. Das ging so weit, dass wir auf die andere Straßenseite mussten, wenn uns ein Hund entgegenkam. Wenn in der Straßenbahn ein Hund war, haben wir diese fahren lassen und die nächste genommen. Heute ist es nicht mehr so extrem, aber ich habe immer noch großen Respekt vor Hunden."

Handflächen-Phobietechnik

Der „Respekt" vor Hunden war so groß, dass sie sich bei einer Begegnung mit einem noch verspielten Hundewelpen einer größeren Rasse nicht überwinden konnte, dichter als einen Meter an diesen heranzugehen. Nach lediglich fünf Minuten Behandlung mit der Handflächen-Phobietechnik hatte sie ihre Ängste weitestgehend überwunden und stellte zu ihrem eigenen Erstaunen fest, dass sie den Hund kraulte und dabei dessen flauschiges, weiches Fell bewunderte, anstatt vor Angst ihr Heil in der Flucht zu suchen.

Ein Video zur Handflächen-Phobietechnik finden Sie auf der Webseite zum Buch:
www.niewiederangst.com

Kapitel 2.2

Kino-Phobietechnik – Angst weg in zehn Minuten. So verändern Sie Ihren inneren Angstfilm

Warum Ihr Kopfkino Angst auslöst und wie die Kinotechnik helfen kann

Stellen Sie sich ein fünf Meter langes und 30 Zentimeter breites, stabiles Brett vor, das vor Ihnen auf dem Boden liegt. Es ist breit genug, dass es den meisten Menschen selbst mit geschlossenen Augen mühelos gelingt, darüber hinwegzulaufen. Stellen Sie sich nun vor, dass das Brett eine tiefe Schlucht überbrückt. Jetzt wird es für die meisten Menschen völlig unmöglich sein, über dieses Brett zu laufen, weil sie vor Angst unfähig sind, auch nur einen Schritt daraufzusetzen. Wie ist das möglich? Es handelt sich doch um dasselbe Brett mit derselben Länge, Breite und Dicke.

Die Antwort lautet: Das Horrorszenario in Ihrem Kopf lähmt Sie vor Angst. Allein der Gedanke oder die Vorstellung, es könnte etwas Schlimmes passieren, lässt den Körper so reagieren, als ob er sich in einer wirklich gefährlichen Situation befindet. Die bewusste oder unbewusste Vorstellung einer Bedrohung bewirkt denselben Adrenalinausstoß wie eine real gefährliche Situation. Die Folgen sind vor allem Angst, Anspannung der Muskeln, Herzrasen, steigender Blutdruck, Schweißausbrüche, Atemnot.

Phobische Menschen werden häufig von einem inneren Horrorfilm beherrscht, der sich verselbstständigt hat. Er läuft oft unbewusst ab und löst automatisch eine emotionale und körperliche Angstreaktion aus. Wenn es Ihnen gelingt, Ihr Kopfkino zu verändern, löschen Sie die konditionierte Angstreaktion bzw. die Verknüpfung von Auslösesituation und Angst. Hier genau setzt die Kinotechnik zur Phobiebehandlung an. Mit ihrer Hilfe verändern Sie den Angstfilm im Kopf und löschen die emotionalen und körperlichen Angstreaktionen.

Kino-Phobietechnik

Drei einfache Behandlungsschritte – so verändern Sie Ihren mentalen Angstfilm

Behandlungsschritt 1: Situation von außen betrachten (dissoziiert)
Stellen Sie sich vor, Sie sitzen in einem Kino und schauen sich Ihren Angstfilm an. Stellen Sie sich nun vor, Sie sitzen auf einem der Ränge und beobachten sich von oben, wie Sie in einer der vorderen Reihen sitzen und sich den Angstfilm anschauen. Sie stellen sich also nicht vor, selbst in der Angstsituation zu sein, sondern Sie beobachten sich von außen, als wären Sie eine fremde Person. Sie stellen sich bewusst eine außerkörperliche Erfahrung vor, in der Sie sich selbst dabei beobachten, wie Sie sich Ihren Angstfilm anschauen. Auf diese Weise wird die Realität über mehrere Level entfremdet. In der Fachsprache nennt man diese Art des Vorstellens „dissoziiert". Die Situation wird als Unbeteiligter von außen betrachtet.

Behandlungsschritt 2: Verzerrten Angstfilm entfremdet abspielen lassen (vorwärts, dissoziiert)
In einem zweiten Schritt verändern Sie den Angstfilm fast bis zur Unkenntlichkeit. Dadurch verliert er noch mehr von seinem bedrohlichen Charakter. Der Film wird in Ihrer Vorstellung zum Beispiel zu einem Schwarz-Weiß-Film mit körnigem Bild. Sie vermindern den Kontrast und unterlegen den Film mit merkwürdiger oder unpassender Musik. Sie schneiden ihn in beliebige Szenen, die nun in völlig verkehrter Reihenfolge ruckartig oder auch mit flackerndem Bild abgespielt werden.

Nun lassen Sie diesen so veränderten Film vor Ihrem inneren Auge ablaufen. Er beginnt vor der Stelle, an der Sie mit der Angstsituation konfrontiert werden, also in einer Situation, in der Sie noch vollkommen sicher sind. Dann stellen Sie sich vor, wie Sie sich der kritischen Situation annähern. Nun lassen Sie den Angstfilm vor Ihrem geistigen Auge ablaufen. Sie betrachten also von außen, wie genau das geschieht, wovor Sie am meisten Angst haben: Sie werden von einer riesengroßen Spinne angefallen, befinden sich an einem tiefen Abgrund oder in einem engen, stecken gebliebenen Fahrstuhl. Sie stellen sich genau die Situation vor, die Ihre Angstreaktion auslöst. Sie lassen nun den Film bis zu dem Punkt abspielen, an dem Sie wieder in Sicherheit sind. Dann wird diese Szene als Standbild „eingefroren".

Behandlungsschritt 3: Angstfilm blitzschnell rückwärts ablaufen lassen (assoziiert)
Jetzt lassen Sie den Film blitzschnell rückwärts ablaufen, so, wie man einen Film im Videorekorder sehr schnell rückwärtsspult. In nur ein bis zwei Sekunden läuft der gesamte Film rückwärts ab. Er beginnt mit dem eingefrorenen Standbild und

endet, wenn Sie sich wieder in der sicheren Ausgangsposition befinden. Die hohe Geschwindigkeit ist dabei sehr wichtig. Diesen Vorgang wiederholen Sie noch ein zweites und drittes Mal.

Im Unterschied zum ersten Teil der Phobiebehandlung, in dem der Film sehr stark entstellt wurde, stellen Sie sich nun vor, selbst in der betreffenden Situation zu sein. Sie stellen sich alles real, dreidimensional und in Farbe vor und dass Sie alles mit Ihren eigenen Augen sehen. Diese Art des Vorstellens nennt man „assoziiert".

Test

Jetzt lassen Sie den Film vorwärts ablaufen und versuchen, die Angst wieder wachzurufen und die Angstreaktion in Ihrem Körper auszulösen. Falls dies immer noch möglich sein sollte, wiederholen Sie die beschriebenen Behandlungsschritte.

Für die Sitzung mit der Kino-Phobietechnik benötigen Sie zehn bis maximal 15 Minuten. Dabei ist es auch nicht notwendig, dass Sie Details der Angst machenden Situation aussprechen. Es reicht, diesen Prozess in der Vorstellung zu durchlaufen. Das gewünschte Ergebnis ist, dass die zuvor Angst auslösende Situation nun keine Angst mehr auslöst. Sie können sich nach wie vor alles detailliert vorstellen, das heißt, Sie haben nichts vergessen. Die Situation hat jedoch ihren Schrecken verloren. Bisweilen ist es auch so, dass es schwierig geworden ist, sich die Situation überhaupt vorzustellen. Es wird häufig beschrieben, dass die Situation „in die Ferne gerückt" sei oder dass man das Interesse an ihr verloren habe. Hier kann wieder das Beispiel mit der Schallplatte bemüht werden. Wenn man mit einem Schraubenzieher eine Schallplatte zerkratzt, kann diese nie mehr auf die gleiche Weise abgespielt werden. Wenn der innere Angstfilm verändert wurde, kann er keine so starken Ängste mehr auslösen wie zuvor.

Fallbeispiel zur Kino-Phobietechnik: Angst beim Autofahren

Frau L. litt, solange sie denken konnte, beim Autofahren an starker Angst. Den Grund der Angst konnte sie nicht benennen. Sie beschrieb lediglich ein unbestimmtes Bedrohungsgefühl und neben der Angst auch eine Verkrampfung des gesamten Körpers sowie das Gefühl, dass ihr die Kehle zugeschnürt wird. Ursprünglich hatte sie vermutet, dass die Angst daher rühre, dass sie möglicherweise anderen Menschen nicht genügend vertraue. Mit dem Erwerb des Führerscheins sei die Angst jedoch nicht verschwunden, sondern unverändert stark geblieben.

Kino-Phobietechnik

In der Sitzung wurde sie aufgefordert sich vorzustellen, dass sie sich beobachtet, wie sie in einem Kino sitzt und den Film „Autofahrt von Frau L." anschaut. Diese Vorstellung war für sie zunächst sehr beängstigend. Das änderte sich, als sie mittels der Fernsteuerung die Farben verblassen ließ, den Kontrast verminderte, das Bild körnig werden ließ, den Film in veränderter Reihenfolge der Szenen mit einer unpassenden Musik unterlegte und ihn ruckartig ablaufen ließ. Nun war es ihr möglich, sich die Kinoszene einigermaßen entspannt anzusehen. Sie ließ den Film bis zu dem Punkt ablaufen, an dem sie selbst als Handelnde das Fahrzeug wieder sicher verließ. Diese Szene wurde dann als Standbild eingefroren. Frau L. wirkte nun erleichtert und entspannt.

Dann wurde sie aufgefordert, sich die Autofahrt als Handelnde so vorzustellen, dass sie alles real, dreidimensional und in Farbe durch ihre eigenen Augen sehen konnte. Diesen Film ließ sie nun mehrfach in hoher Geschwindigkeit rückwärts bis zur sicheren Ausgangsposition ablaufen, also bis zu dem Punkt, an dem sie noch nicht in das Auto gestiegen war, was ihr dann aber ohne erkennbare Probleme gelang.

Anschließend fragte ich sie, ob sie sich vorstellen könne, jetzt sofort mit einem Auto zu fahren. Zu ihrem eigenen Erstaunen antwortete sie, dass dies wahrscheinlich kein Problem mehr für sie sei. Nach der Testfahrt, die unmittelbar im Anschluss an die Sitzung durchgeführt wurde, berichtete die Patientin, dass sie während der Autofahrt noch etwas aufgeregt war, weil sie nicht wusste, ob die Angst vielleicht doch noch kommen würde. Die eigentliche Angst sei jedoch nicht mehr aufgetreten. Später berichtete sie, dass sich eine beim Autofahren noch bestehende restliche Anspannung erst nach und nach auflöste, als sie nach längerer Zeit die Sicherheit gewann, dass die Angst nicht wiederkommt.

Mehr zum Thema „Angst vor der Angst" erfahren Sie im nächsten Kapitel über die Klopftechnik.

Kapitel 2.3

Klopftechnik – so klopfen Sie auch hartnäckigen Ängsten auf die Finger

Was ist Klopfbehandlung und wie wirkt sie?

Sie haben wahrscheinlich schon mal etwas von Akupunktur gehört. Vielleicht kennen Sie auch jemanden, dem diese Methode geholfen hat. Sie hat sich tausendfach bewährt, ist als Heilmethode anerkannt und wird täglich in Kliniken, Arztpraxen und in der Forschung angewendet. Die Klopfbehandlung der Angst, vereinfacht auch Klopfmethode genannt, kann als eine Art psychologischer Akupunktur verstanden werden. Die Behandlungspunkte werden jedoch nicht mit Nadeln gestochen, sondern durch leichtes Klopfen stimuliert.

Die moderne westliche Medizin kennt das Nervensystem, in dem elektrische Ströme über Nervenbahnen durch den Körper fließen. Sie kennt das Blutsystem, in dem unser Blut durch Blutgefäße durch den gesamten Körper fließt. Sie kennt das Lymphsystem, in dem die Lymphflüssigkeit über Lymphbahnen durch den Körper fließt. Eine Unterbrechung des Flusses in jedem dieser Systeme führt zu Symptomen, Beschwerden und Erkrankungen. Wenn der Energiefluss in den Nervenbahnen gestört ist, treten Lähmungserscheinungen ein oder Störungen der Sinneswahrnehmung (Sehen, Hören, Riechen, Tasten, Schmecken). Eine Störung oder Blockade der Durchblutung führt zur Beeinträchtigung der Organfunktionen bis hin zu lebensgefährlichen Erkrankungen wie Thrombose, Schlaganfall und Herzinfarkt. Ein Lymphstau kann ebenfalls ernsthafte Komplikationen verursachen.

In der chinesischen Medizin geht man darüber hinaus von der Existenz eines weiteren Energiesystems aus, in dem Energie fließt, die nicht dem elektrischen Strom unseres Nervensystems entspricht. Ähnlich wie beim Nerven-, Lymph- und Blutsystem führt eine Störung auch hier zu Beschwerden, Symptomen und Erkrankungen. Ebenso wie die moderne westliche Medizin darauf abzielt, die Störungen im Fluss von elektrischen Nervenimpulsen, des Blutes oder der Lymphe zu überwinden, besteht die Behandlung in der chinesischen Medizin darin, die

Klopftechnik

Blockaden im Energiefluss aufzulösen. Dies geschieht durch Stimulation von bestimmten bioaktiven Punkten. Damit wird der Weg frei für die blockierte Energie, für die psychischen und körperlichen Regulationsmechanismen sowie für die Selbstheilungskräfte.

Das Meridianklopfen, nachfolgend „Klopfbehandlung" oder „Klopftechnik" genannt, hat ihre Wurzeln in der traditionellen chinesischen Medizin (TCM) und geht davon aus, dass der Mensch seelisch und körperlich gesund ist, wenn die Energie frei fließt. Blockaden im Energiefluss führen zu negativen Gefühlen sowie zu körperlichen und psychischen Symptomen und Erkrankungen. Negative Gefühle wie Furcht oder Angst sind mit solchen Blockaden im Energiesystem des Körpers verbunden. Wenn diese Blockaden durch Klopfen der Behandlungspunkte gelöst werden, schwindet die Angst und es stellen sich Gefühle wie Ruhe, Entspannung und Gelassenheit ein.

Im Bereich der psychischen Beschwerden und Probleme hat sich die Klopfbehandlung besonders bewährt bei der Behandlung von Ängsten und Phobien, traumatischen Erinnerungen, Leistungsblockaden sowie bei Gefühlen wie Schuld, Scham, Ärger, Gereiztheit, Wut, Hass und dem Nicht-vergeben-Können. Als Selbsthilfemethode hat sich die Klopftechnik für die Behandlung von Ängsten und Phobien als unschätzbar erwiesen. Sie zielt darauf ab, Körper, Geist und Seele zu balancieren und Fehlregulationen zu überwinden. Ängste und die mit ihnen verbundenen körperlichen Symptome lösen sich auf.

Wie bereits beschrieben, kann man bei Ängsten zwischen konditionierten Ängsten und Ängsten mit tiefer liegenden emotionalen Ursachen unterscheiden. Mit der Klopfbehandlung ist es möglich, konditionierte Ängste in relativ kurzer Zeit schnell und zuverlässig zu lösen. Ihr eigentlicher Wert besteht jedoch darin, dass mit ihr auch Ängste behandelt werden können, die Ausdruck tiefer liegender Ursachen sind und die sich nicht einfach „löschen" lassen. Bei hartnäckigeren Ängsten sind dauerhafte Erfolge in vergleichsweise kurzer Zeit auch dann möglich, wenn konventionelle gesprächsorientierte Behandlungsmethoden keine zufriedenstellenden Ergebnisse erbracht haben.

Klopftechnik

So einfach war Klopfen noch nie – eine „schlanke" Methode, die jeder erlernen und erfolgreich anwenden kann

Perfektion ist nicht dann erreicht, wenn man nichts mehr hinzufügen kann, sondern wenn man nichts mehr wegnehmen kann.
(Antoine de Saint-Exupéry, „Der kleine Prinz")

In den letzten Jahren haben Klopfmethoden eine weite Verbreitung gefunden. Einige dieser Methoden sind so komplex, dass sie selbst manchem Therapeuten zu umständlich erscheinen, um sie in der täglichen Praxis anzuwenden. Während diese Methoden ihre Berechtigung in der therapeutischen Praxis haben, sind sie als Selbsthilfemethoden für die breite Anwendung nicht praktikabel.

Die in diesem Buch verwendete Klopftechnik ist leicht zu erlernen und einfach anzuwenden. Diese „schlanke" Klopfmethode ist gegenüber den komplexeren Methoden keineswegs weniger wirksam. Nach meinem Wissen ist sie die bislang einfachste und am leichtesten anzuwendende Methode und trotzdem – oder vielleicht gerade deshalb – besonders effektiv. Sie hat sich in Einzelbehandlungen ebenso wie in Gruppenbehandlungen und als Selbsthilfemethode als sehr zuverlässig und wirksam erwiesen. Ich habe ihre zuverlässige Wirkung im Rahmen von Seminaren an Hunderten Menschen demonstrieren können. In aller Regel lassen sich in therapeutischen Sitzungen spürbare Veränderungen bereits innerhalb von 20 bis 30 Minuten erzielen. Oft sind erste Veränderungen bereits unmittelbar nach der ersten Klopfrunde spürbar.

Im Gegensatz zur Akupunktur ist es bei der Klopfbehandlung nicht erforderlich, Hunderte winziger Behandlungspunkte auswendig zu lernen, denn es werden nur einige wenige besonders effektive Punkte verwendet. Man muss auch nicht unterschiedliche Abläufe beherrschen, sondern eine einzige einfache Vorgehensweise ist für alle Ängste anwendbar. Die Wirkung tritt oft innerhalb weniger Minuten ein. Aufgrund ihrer Einfachheit und ihrer zuverlässigen Wirkung ist die Klopfmethode auch ein hervorragendes Instrument zur Selbsthilfe.

Grundannahmen der Klopfbehandlung

Jede körperliche oder psychische Erkrankung ist mit unverarbeiteten „negativen"[1] Emotionen und mit Blockaden im Energiesystem verbunden. Die Behandlung zielt darauf ab, die Energieblockaden zu lösen und so das energetische System

---

[1] *Richtig verstanden, sind Emotionen nie „negativ". „Negative" Gefühle haben immer eine wichtige Funktion. Sie sind Signale des Körpers, dass etwas nicht in Ordnung ist und geheilt werden will. Viele Menschen haben den Zugang zur Heilung von psychischen und körperlichen Erkrankungen erst aufgrund ihrer „negativen" Gefühle gefunden.*

Klopftechnik

auszubalancieren. Unerwünschte automatische Reaktionen und Abläufe werden unterbrochen und können dann im Sinne der zerkratzten Schallplatte nicht mehr in der ursprünglichen Art und Weise „abgespielt" werden. Eine andere Erklärung, die eher die westliche Sichtweise widerspiegelt, ist, dass durch das Klopfen eine Musterunterbrechung stattfindet. Es gibt verschiedene Erklärungsansätze, *warum* die Klopftechnik wirkt. Alle sind sich jedoch darin einig, *dass* sie wirkt.

Mit der nachfolgend beschriebenen Behandlungsmethode können Sie sich bei Ängsten und zahlreichen anderen Problemen Erleichterung verschaffen. Bevor Sie jedoch die Behandlungsschritte kennenlernen, ist es erforderlich, dass Sie sich mit den Behandlungspunkten vertraut machen, die bei der Klopfbehandlung verwendet werden. Ein großer Vorteil dieser Methode besteht darin, dass nur wenige Behandlungspunkte erforderlich sind, die immer in der gleichen Reihenfolge geklopft werden. Dies ist auch die Reihenfolge, in der die Punkte in der folgenden Tabelle aufgeführt sind.

Klopftechnik

Lokalisation der Behandlungspunkte

Bezeichnung	Lokalisation
Handkanten- oder Karate-Punkt	Punkt auf der Handkante, etwa in Höhe der Lebenslinie auf der Handfläche, mit dem Karatekämpfer Ziegel oder Balken zerschlagen
Augenbraue	Am Beginn der Augenbraue, seitlich neben der Nasenwurzel
Seite des Auges	Auf dem äußern, seitlichen, knöchernen Rand der Augenhöhle (Jochbein) unmittelbar neben dem Auge
Unter dem Auge	Auf dem knöchernen unteren Rand der Augenhöhle (Jochbein) direkt unter der Pupille (beim Blick geradeaus)
Unter der Nase	Zwischen Nase und Oberlippe
Unter der Lippe	In der Vertiefung zwischen Unterlippe und Kinn
Schlüsselbein	Unterhalb des inneren Endes des Schlüsselbeins
Unter dem Arm	Seitlich am Brustkorb, unter der Achselhöhle (auf der Hemdnaht) auf Höhe der Brustwarze.
Auf dem Kopf	Höchster Punkt auf dem Kopf, direkt über den Ohren

Klopftechnik

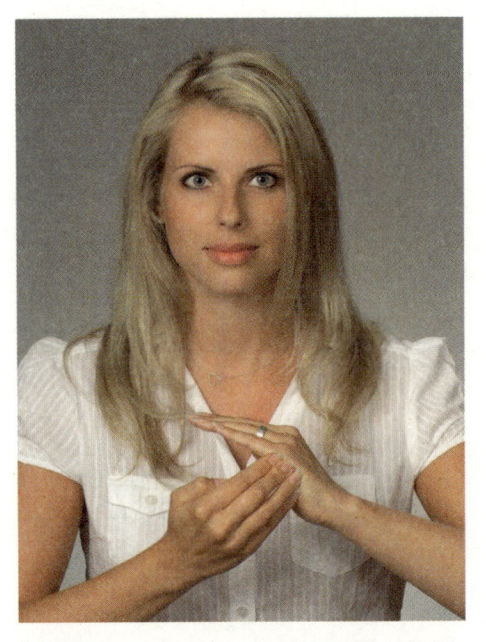

Abbildung 4: Handkanten- oder Karatepunkt

Abbildung 5: Augenbraue

Abbildung 6: Seite des Auges

Abbildung 7: Unter dem Auge

Klopftechnik

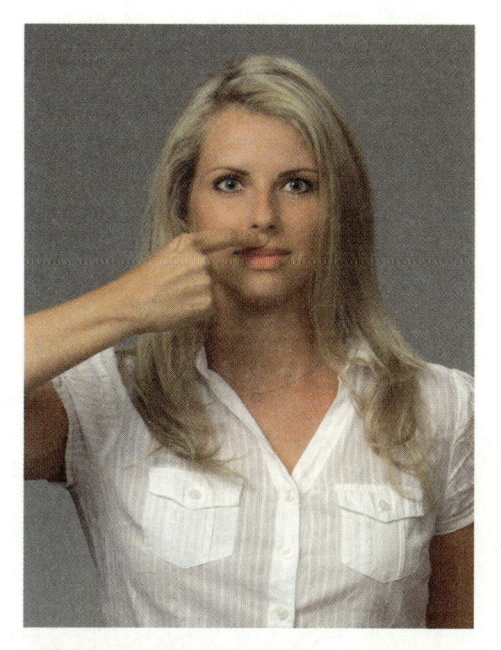

Abbildung 8: Unter der Nase

Abbildung 9: Unter der Lippe

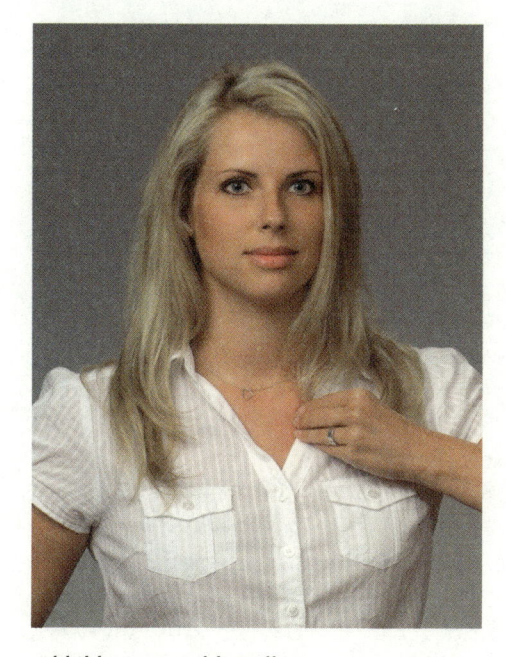

Abbildung 10: Schlüsselbein

Abbildung 11: Unter dem Arm

Klopftechnik

Abbildung 12: Auf dem Kopf

Drei einfache Behandlungsschritte

Die Behandlung erfolgt in drei einfachen Schritten, die nach Bedarf mehrfach wiederholt werden können.

> *Benannt werden deine Angst muss, bevor vertreiben du kannst sie.*
> (Yoda in „Star Wars – Das Empire schlägt zurück")

Schritt 1: Problem benennen und Intensität einschätzen
Im ersten Behandlungsschritt benennen Sie Ihre Angst und bestimmen deren Intensität auf einer Skala von 0 bis 10. 0 bedeutet, Sie haben überhaupt keine Angst, 10 bedeutet, Sie haben die stärkste Angst, die Sie sich vorstellen können. Hier ein paar Beispiele: Höhenangst = 8, Prüfungsangst = 10, Angst in engen und geschlossenen Räumen = 9. Nach Schritt 1 haben Sie einen Ausgangswert, mit dessen Hilfe Sie die behandlungsbedingten Veränderungen leicht und einfach beurteilen können.

Schritt 2: Vorbereitung (Setup)

Im zweiten Schritt klopfen Sie den Karatepunkt, während Sie dreimal hintereinander laut oder in Gedanken sagen: „Ich akzeptiere mich voll und ganz, auch wenn ich ..." (hier das Problem, also die Angst oder einen wichtigen Aspekt der Angst, benennen). Bei Angst vor Gewitter würde Ihre Formulierung beispielsweise lauten: „Ich akzeptiere mich voll und ganz, auch wenn ich Angst habe, vom Blitz getroffen zu werden." Alternativ können Sie auch die Formulierung verwenden: „Ich liebe und akzeptiere mich von ganzem Herzen, auch wenn ich Angst habe, vom Blitz getroffen zu werden."

Das Klopfen des Karatepunktes erfüllt eine wichtige Funktion. Gerade bei ausgeprägten und hartnäckigen Ängsten kann es vorkommen, dass eine Behandlung, die an sich zuverlässig wirkt, erfolglos bleibt. Dieses Phänomen wird „psychologische Umkehr" genannt. Das Klopfen der Handkante bei gleichzeitigem dreimaligen Sprechen des Satzes: „Ich akzeptiere mich voll und ganz, auch wenn ...", ist eine sehr einfache, aber wirksame Methode, diese psychologische Umkehr aufzulösen, sodass die eigentliche Behandlung (das Klopfen der Behandlungspunkte) wirken kann.

Psychologisch betrachtet, geschehen hier zwei Dinge, die eine wichtige Voraussetzung für den Erfolg jeder psychologischen Behandlungsmethode sind:
1) Sie gestehen sich ein, dass Sie ein bestimmtes Problem haben. Aus der Behandlung von alkoholkranken Menschen weiß man beispielsweise, dass ein Patient keine Chance hat, den Alkoholismus zu überwinden, solange er sich nicht eingesteht, alkoholkrank zu sein. Das Sich-Eingestehen eines Problems ist eine wichtige Voraussetzung dafür, es auch überwinden zu können.
2) Selbstablehnung erschwert die Behandlungsfortschritte ebenso. Mit der obigen Formulierung bringen Sie zum Ausdruck, dass Sie sich auch dann akzeptieren, wenn Sie dieses Problem haben.

Beide Probleme, die zu einer unüberwindlichen Behandlungsblockade führen können, werden mit diesem Vorgehen angesprochen.

Schritt 3: das Klopfen

Sie denken nun weiterhin an die Angst auslösende Situation, während Sie die Behandlungspunkte in der vorgegebenen Reihenfolge klopfen. Sie beginnen die Behandlungsrunde mit dem Punkt „Augenbraue" und beenden sie mit dem Punkt „Auf dem Kopf". Dabei wird bei jedem Punkt eine kurze Erinnerungsphrase wiederholt, ein Wort oder eine kurze Aussage, die an das Problem erinnern soll, zum Beispiel „Angst" oder „vom Blitz getroffen". Nach dem Klopfen der Behandlungspunkte ist die erste Behandlungsrunde beendet.

Klopftechnik

Die Behandlungspunkte werden während des Klopfens nur leicht berührt und mit einer Frequenz von etwa vier Berührungen pro Sekunde geklopft. Sie kennen wahrscheinlich die Methode, Sekunden zu schätzen, indem man beispielsweise zweistellige Zahlen ausspricht: „21, 22, 23 …". Jede dieser Zahlen hat vier Silben. Sie klopfen also einfach in dem Tempo, in dem Sie diese Silben in natürlichem Tempo aussprechen. Bei den Punkten, die nicht auf der Körpermitte liegen, ist es egal, welche Seite Sie klopfen. Falls Sie einmal das Gefühl haben, Sie sollten beide Seiten gleichzeitig klopfen, folgen Sie Ihrer Intuition. In den meisten Fällen ist die Wahl der Seite jedoch unerheblich.

Mit Ausnahme des Karatepunktes und des Schlüsselbeinpunktes klopfen Sie jeden Behandlungspunkt mit der Spitze des Zeige- oder Ringfingers. Den Karatepunkt klopfen Sie, indem Sie mit den vier Fingern der einen Hand (ohne Daumen) die Handkante der anderen Hand klopfen. Den Schlüsselbeinpunkt klopfen Sie am besten, indem Sie alle fünf Finger bündeln, als ob Sie Spaghetti mit der Hand aus einer Schüssel nehmen wollen. Sie erzeugen dadurch eine größere Trefferfläche und müssen sich keine Gedanken machen, ob Ihr Zeigefinger nun wirklich den richtigen Punkt getroffen hat. Selbst wenn Sie den Punkt leicht verfehlen sollten, wird die Vibration, die durch Ihre gebündelten fünf Finger erzeugt wird, den gewünschten Punkt erreichen und ihre Wirkung erzeugen.

Erneute Behandlungsrunde

Nun beurteilen Sie erneut die Intensität der Angst (Schritt 1). Nach dem Klopfen der ersten Behandlungsrunde hat sich in vielen Fällen die Angst bereits vermindert. In der zweiten Behandlungsrunde kann man diese Veränderung in der Formulierung berücksichtigen, indem man beim Klopfen der Handkante (Schritt 2) sagt: „Ich akzeptiere mich voll und ganz, auch wenn ich immer noch (einen Rest der) Angst habe, vom Blitz getroffen zu werden." Beim Klopfen (Schritt 3) wiederholen Sie bei jedem Behandlungspunkt als Erinnerungswort oder Erinnerungsphrase: „Angst" oder „Angst, vom Blitz getroffen zu werden" oder auch „Rest der Angst".

Nach jeder Behandlungsrunde beurteilen Sie erneut die Intensität der Angst und wiederholen die Schritte 1 bis 3, bis die Intensität der Angst auf 2, 1 oder 0 abgesunken ist. Im einfachsten Fall lassen sich umschriebene Ängste mit wenigen Runden dieser Klopfbehandlung vollständig auflösen bzw. auf die angestrebte Intensität von 2, 1 oder 0 vermindern.

Klopftechnik

Nun werden Sie sich vielleicht fragen: „Woher weiß ich nun, was ich genau sagen soll?" Die Arbeit mit vielen Seminarteilnehmern zeigt, dass die genaue Formulierung eine eher untergeordnete Rolle spielt. Es geht vielmehr darum, Ihre Angstgedanken und Angstgefühle mit eigenen Worten möglichst genau zu benennen.

Wie bereits beschrieben, wird bei der Klopfbehandlung davon ausgegangen, dass sich hinter jedem Symptom eine belastende Emotion verbirgt. Einer der Gründe, warum die Klopftechnik so erfolgreich ist, besteht darin, dass nicht Symptome behandelt, sondern dass die dahinter stehenden Gefühle, Themen und Konflikte angesprochen und gelöst werden. Dem wird dadurch Rechnung getragen, dass generell angestrebt wird, die hinter den Symptomen stehenden Themen zu finden und zu bearbeiten.

Der Erfolgstest – drei Gründe, warum er unbedingt erforderlich ist

Ein wichtiger Bestandteil der Behandlung ist der Erfolgstest. Ein *erster Grund* dafür besteht darin, dass nur durch ihn erkennbar wird, ob die bisherige Behandlung auch wirklich ausgereicht hat, die Angst in dem gewünschten Ausmaß zu vermindern.

Der Test wird in zwei Schwierigkeitsgraden durchgeführt. Der einfachste Test besteht darin, sich nach jeder Behandlungsrunde die Angst auslösende Situation noch einmal als „mentalen Film" vorzustellen und zu prüfen, ob noch immer Ängste durch diese Vorstellung ausgelöst werden. Wenn dies nicht mehr der Fall ist, testen Sie in einer realen Situation, ob Ihre Angst noch immer besteht. Falls dies nicht möglich ist, zum Beispiel weil die Angstsituation nicht verfügbar ist, besteht der zweite Test in einem übertriebenen mentalen Film. Sie übertreiben also die Situation in einer Art und Weise, dass sie noch größere Ängste auslösen würde als die ursprüngliche Situation. Im Falle der Höhenphobie könnten Sie sich beispielsweise eine noch größere Höhe und ein noch niedrigeres Geländer vorstellen. Bei hinreichendem Erfolg sollten der Test in der Realität und auch der übertriebene mentale Film keine oder deutlich weniger Ängste auslösen. Ob die Ängste in der Praxis auch wirklich vollständig verschwunden sind, wird letztlich immer erst der Test in einer realen Situation zeigen.

Ein *zweiter Grund* für das Durchführen der Erfolgstests besteht darin, dass man eventuelle Reste der Angst erkennen und noch in derselben Sitzung bearbeiten kann.

Klopftechnik

Ein *dritter und überaus wichtiger Grund* für die Durchführung der Erfolgstests ist, dass viele Menschen, die schon sehr lange unter ihren Ängsten leiden, es sich gar nicht vorstellen können, dass die Angst nach einer so kurzen Behandlung überwunden sein soll. Nur durch einen oder besser noch durch mehrere Tests in realen Situationen kann auch der kritische Verstand davon überzeugt werden, dass die Ängste nun gelöst sind. Wie nachfolgend dargestellt, ist dies für den Behandlungserfolg von enormer Wichtigkeit.

Wenn die Angst selbst zur Bedrohung wird – Angst vor der Angst und wie man sie überwindet

Das Einzige, was wir zu fürchten haben, ist die Furcht selbst.
(Franklin D. Roosevelt)

Wenn eine Angst erfolgreich behandelt wurde, der Angstpatient dies aber nicht glauben kann und den Erfolg auch nicht ausgiebig getestet hat, kann es passieren, dass er bei Annäherung an die ehemalige Angstsituation wieder mit Angst reagiert, obwohl die ursprüngliche Angst nicht mehr vorhanden ist. Wie lässt sich das erklären?

Angst oder Panik treten unter diesen Umständen nicht deshalb auf, weil sie nicht erfolgreich behandelt worden wären, sondern weil allein der Gedanke, man könnte gleich wieder in eine schreckliche Situation mit Panik und Todesangst geraten, eine Angst der gleichen Intensität auslösen kann wie die ursprüngliche Angst, sodass der Patient überzeugt ist, die Behandlung hätte nicht gewirkt. Die Angst selbst ist zur Bedrohung geworden. Man nennt dieses Phänomen „Angst vor der Angst". Um diesem Phänomen vorzubeugen, ist es wichtig, möglichst sofort nach der Behandlung den Erfolgstest durchzuführen, sodass sich der Patient von der Wirksamkeit der Behandlung überzeugen und sich diesen Situationen künftig entspannter und ohne Bedrohungsgefühl nähern kann.

Bei skeptischen Menschen kann es erforderlich sein, besonders intensiv zu testen, bevor diese glauben, dass sie nun von ihrer Angst befreit sind. Erst diese Beweise durch die Praxis bewirken, dass auch bei ihnen die Angst vor der Angst überwunden wird und sie angstfrei bleiben. Häufig besteht trotz der Erfolgstests anfänglich noch eine Restunsicherheit, ob die Wirkung der Behandlung auch von Dauer ist. Mit zunehmender Erfahrung im Alltag wächst allmählich das Vertrauen in den Erfolg. Dazu ist es erforderlich, sich über einen längeren Zeitraum immer wieder den Angstsituationen zu stellen, um auch die letzten Zweifel auszuräumen.

Klopftechnik

Aus dem Gesagten wird deutlich, dass der Erfolgstest ein wesentlicher Bestandteil der Therapie bzw. der Selbstbehandlung ist. Wann immer es möglich ist, sollten Sie sich unmittelbar nach der Behandlung und auch über einen längeren Zeitraum immer wieder der ursprünglichen Angstsituation stellen, bis Sie sicher sind, die Angst nun dauerhaft überwunden zu haben. Gegebenenfalls muss die Angst vor der Angst als separate Angst behandelt werden. Hier würden Sie beispielsweise klopfen: „Ich akzeptiere mich voll und ganz, auch wenn ich einfach nicht glauben kann, dass die Angst jetzt weg sein soll."

**Die drei Ebenen der Klopfbehandlung:
Ohne dieses Wissen bleiben viele Therapien erfolglos**

Die erste und oberflächlichste Ebene der Behandlung ist die *Symptomebene*. Die darunterliegende zweite Ebene ist die *Gefühlsebene*. Auf der dritten und tiefsten Ebene werden die vergangenen Situationen betrachtet, in denen die Ängste und die damit verbundenen Gefühle und körperlichen Symptome in der Vergangenheit aufgetreten sind. Es ist die *biografische Ebene*. Wenn möglich, wird nach der Situation gesucht, in der die Angst entstanden ist.

Ängste treten nicht nur als Angstgefühl auf, sondern bisweilen auch als rein körperliche Symptome wie beispielsweise Herzklopfen, Schweißausbrüche oder Atemnot. Man spricht dann von „Angstäquivalenten". Bei körperlichen Beschwerden wie zum Beispiel Kopfschmerzen ist leicht erkennbar, dass die Schmerzen die Symptomebene betreffen und die mit den Kopfschmerzen verbundenen Emotionen wie zum Beispiel Zorn oder Groll die Gefühlsebene. Da bei Ängsten das Angstgefühl auf den ersten Blick sowohl der Symptomebene als auch der Gefühlsebene zugeordnet werden kann, beziehen wir uns in unserem nachfolgenden Beispiel auf eine Angst, die sich vor allem in körperlichen Symptomen äußert. Dadurch können Sie die Ebenen eindeutig voneinander unterscheiden.

Nehmen wir das Beispiel der Höhenangst. Beim Arbeiten auf der obersten Ebene, der Symptomebene, klopft man die Handkante und benennt dabei das Symptom: „Ich akzeptiere mich voll und ganz, auch wenn ich Herzrasen habe, wenn ich in die Tiefe schaue." Beim Klopfen der Behandlungspunkte würden Sie wiederholen: „Herzrasen, Herzrasen, Herzrasen."

Die Behandlung auf der Symptomebene führt jedoch in der Praxis selten zum Erfolg. Es ist viel erfolgversprechender, gleich die Gefühlsebene anzusprechen. Beim Beispiel der Höhenangst klopfen Sie beispielsweise: „Ich akzeptiere mich voll und ganz, auch wenn ich Angst habe, herunterzustürzen und Schmerzen zu erleiden."

Klopftechnik

Herzklopfen, Schweißausbrüche, Atemnot etc. sind lediglich die körperlichen Symptome der Angst, der körperliche Ausdruck unangenehmer Gedanken, Gefühle und Vorstellungen. Deshalb ist es auch erforderlich, diese unterschiedlichen Aspekte der Angst separat anzusprechen und zu behandeln. Nachdem Sie den ersten Aspekt „Angst, herunterzustürzen und Schmerzen zu erleiden" erfolgreich behandelt haben, wenden Sie die Behandlungsschritte auf alle weiteren Aspekte der Angst an. Um beim Beispiel Höhenangst zu bleiben, könnten Sie als Nächstes beispielsweise klopfen: „Ich akzeptiere mich voll und ganz, auch wenn ich Angst habe, dass ich mir nicht mehr selbst helfen kann und von anderen abhängig werde."

Nicht selten reicht es bei spezifischen Ängsten aus, auf der Gefühlsebene die unterschiedlichen Aspekte nacheinander zu behandeln, und die Angst löst sich auf wie ein Nebel in der Morgensonne. Wenn mit diesem Vorgehen kein hinreichender Erfolg erzielt werden kann, ist es erforderlich, auf die dritte Behandlungsebene, die biografische Ebene, zu gehen. Das bedeutet, dass Sie nach früheren Erlebnissen fahnden, bei denen Sie sich schon einmal so gefühlt haben wie in der aktuellen Angstsituation. Um diese Situationen zu finden, können Sie sich folgende Fragen stellen:

- „Woher kenne ich dieses Gefühl?"
- „An welche Situation erinnert es mich?"
- „Wo habe ich mich schon einmal so gefühlt, wie ich mich jetzt gerade fühle?" (Zum Beispiel hilflos, ausgeliefert, angstvoll ...)

Was verbirgt sich hinter „Arbeit auf der biografischen Ebene"? Starke Ängste, die in keinem Verhältnis zur Auslösesituation stehen, werden eben nicht von der aktuellen Situation hervorgerufen. Sie werden lediglich von ihr ausgelöst. Es handelt sich also um alte Ängste, die durch einen Erinnerungsreiz oder eine verborgene Ähnlichkeit zur ursprünglichen Angstsituation wachgerufen werden. Demzufolge ist es erforderlich, die alte Situation, die noch immer traumatisch wirkt, zu behandeln, sodass die Erinnerung an diese Situation keine Angst oder andere „negative" Emotionen mehr auslöst. Dann können die alten Ängste auch nicht mehr in der Gegenwart wachgerufen werden.

Nehmen wir an, es taucht eine Erinnerung auf, in der jemand als Schuljunge von anderen Mitschülern festgehalten und geschlagen oder verbal gedemütigt wurde und sich ausgeliefert und hilflos gefühlt hat. In diesem Fall würde man nach der Beurteilung der Intensität (zum Beispiel ausgeliefert = 8) klopfen: „Ich akzeptiere mich voll und ganz, auch wenn ich mich damals so ausgeliefert und hilflos gefühlt habe." Um diese bisher noch unverarbeitete Situation zu bewältigen, löst man nacheinander alle Gefühle, die auftauchen, wenn man sich an diese Situation erinnert. In unserem Beispiel könnten Gefühle auftauchen wie Wehrlosigkeit, Hilflosigkeit, Hoffnungslosigkeit, Traurigkeit, Wertlosigkeit, Verlassenheit oder Angst. Das Auftauchen der verschiedenen Gefühle erfolgt in aller Regel nach dem Prinzip der Zwiebelschalen: Wenn eine entfernt wurde, wird die darunter liegende sichtbar. Sie behandeln also alle unangenehmen Gefühle, bis keins mehr auftaucht und Sie sich die Situation ohne „negative" Gefühle vergegenwärtigen können.

Wenn diese Erinnerung und alle mit dieser Situation verbundenen negativen Aspekte erfolgreich behandelt wurden und wenn der Angst nur eine einzige unverarbeitete Situation in der Vergangenheit zugrunde lag, dann ist nach diesen Behandlungsschritten die Phobie in aller Regel erfolgreich aufgelöst. Wenn dies nicht der Fall ist, kann davon ausgegangen werden, dass es weitere zugrunde liegende Gefühle und unverarbeitete Situationen gibt, die berücksichtigt werden müssen. Das weitere Vorgehen besteht folglich darin, nach diesen Situationen zu suchen und sie nacheinander zu behandeln. Sie fahnden also nach weiteren Aspekten der Angst und beobachten, welche Gefühle in der Angstsituation noch immer ausgelöst werden. Dann fragen Sie sich wieder: „Woran erinnern mich diese Gefühle noch?" oder „Wo habe ich mich noch so gefühlt?" Es werden Ihnen eine oder mehrere Situationen einfallen, die Sie bearbeiten, indem Sie alle Gefühle lösen, die auftauchen, wenn Sie an diese Situation denken oder sie sich vor Ihrem geistigen Auge vorstellen.

Dieses Vorgehen erweist sich insbesondere bei Phobien als sehr erfolgreich. So lassen sich viele spezifische Phobien häufig in einer oder zwei 45-minütigen Sitzungen und manchmal auch innerhalb weniger Minuten erfolgreich behandeln.

Der Trittbrettfahrereffekt – so werden Sie Ihre Ängste „nebenbei" los

Auf der Webseite zum Buch (www.niewiederangst.com) finden Sie Videos von Klopfbehandlungen, mit deren Hilfe Sie den Behandlungsablauf noch leichter verstehen und nachvollziehen können. Neben einem verbesserten Verständnis bieten Ihnen die Videos auch eine wunderbare Möglichkeit zur Behandlung Ihrer Angst. Wenn Sie beim Ansehen dieser Videos mitklopfen, ist es gut möglich, dass Sie zum Ende des Videos feststellen, dass sich Ihre Angst vermindert oder auch aufgelöst hat. Das kann selbst dann der Fall sein, wenn Sie eine andere Angst haben als die, die im Video behandelt wird.

Klopftechnik

Dieses Phänomen wird im Englischen „borrowing benefits" genannt. Man könnte es frei übersetzen mit „geborgter Nutzen" oder noch etwas freier und ohne negativen Unterton als „Trittbrettfahrereffekt". Das Nutzen des Trittbrettfahrereffektes hat sich als sehr zuverlässig bewährt, insbesondere in Seminaren, in denen mit einem einzelnen Patienten oder mehreren Seminarteilnehmern gearbeitet wird, während die anderen Teilnehmer mitklopfen und dadurch ihre Ängste ebenfalls vermindern oder auch ganz loswerden.

Um den Trittbrettfahrereffekt zu nutzen, schreiben Sie sich zunächst Ihre Angst auf und benennen Sie deren Intensität (Schritt 1). Nehmen wir einmal an, Sie wollen Ihre Angst in Fahrstühlen bearbeiten und im Video wird eine Höhenangst behandelt. Nachdem Sie Ihre Angst benannt und die Intensität aufgeschrieben haben, denken Sie nun nicht mehr an Ihre Angst, sondern klopfen mit, als ob Sie selbst unter Höhenangst leiden würden. Sie schlüpfen also in die Rolle des Behandelten, selbst wenn es sich bei Ihnen um eine völlig andere Angst handelt.

Es könnte sein, dass Sie Gefühlswallungen bemerken, ohne dass Sie wissen, wo diese herkommen. Das liegt daran, dass Ihr Unterbewusstsein Parallelen findet und eigene Themen mitbearbeitet, ohne dass Sie sich dessen bewusst sein müssen. Es ist, als ob man zwei Gitarren in geringem Abstand einander gegenüberhält und bei einer der beiden eine Saite anschlägt. Dieselbe Saite der anderen Gitarre geht dann in Resonanz und beginnt zu klingen, als ob sie auch angeschlagen worden wäre. Es kann sein, dass Sie sich mit dem Behandelten identifizieren und genau verstehen, warum Sie jetzt traurig, wütend, ängstlich etc. werden. Es kann aber auch sein, dass Sie sich selbst emotional wenig oder auch gar nicht berührt fühlen und trotzdem eine Linderung Ihrer Angst beobachten. Häufig ist es jedoch so, dass Ihr Erfolg größer ist, wenn Sie sich emotional angesprochen fühlen, selbst wenn Sie keine Ahnung haben, warum. Am Ende der Sitzung beurteilen Sie wieder die Stärke Ihrer Angst und entscheiden, ob das gewünschte Ziel einer Intensität der Angst von 2, 1 oder 0 erreicht wurde oder ob Sie die Behandlung fortsetzen sollten.

Behandlungsbeispiel Höhenangst

Nachfolgend werden die Schritte bei der Angstbehandlung am Beispiel einer Höhenangst beschrieben. Wenn Sie das Prinzip verstanden haben, können Sie es auf jede beliebige eigene Angst übertragen und anwenden.

Im einfachsten Fall reicht es für die Behandlung aus, nach Benennung der Angst und der Beurteilung der Intensität (1. Behandlungsschritt) auf der Gefühlsebene zu arbei-

Klopftechnik

ten, ohne unverarbeitete Situationen der Vergangenheit zu behandeln. In so einem Fall würde man den Handkantenpunkt klopfen und beispielsweise formulieren (2. Behandlungsschritt): „Ich akzeptiere mich voll und ganz, auch wenn ich Angst habe herunterzustürzen." (Wir beginnen mit der Hauptbefürchtung der Höhenangst.) Dann klopfen Sie nacheinander alle Behandlungspunkte, während Sie bei jedem Punkt wiederholen: „Angst herunterzustürzen" (3. Behandlungsschritt). Wichtig ist, dass Sie verstehen, dass die hier genannten Aspekte der Angst nur Beispiele sind. Bei der Selbstbehandlung müssen Sie IHRE angstvollen Gedanken und Gefühle benennen und einzeln nacheinander behandeln.

Nachdem die erste Behandlungsrunde abgeschlossen wurde, testen Sie die eingetretene Veränderung, indem Sie sich die Angstsituation erneut vorstellen oder in der realen Situation in die Tiefe schauen. Wenn sich das Angstniveau noch nicht auf eine Intensität von 2, 1 oder 0 vermindert hat, wiederholen Sie die Behandlungsschritte 1 bis 3, bis Sie die Angst herunterzustürzen auf das gewünschte Maß verringert haben.

Das Behandeln einer spezifischen Angst ist so einfach wie das Einschlagen eines Nagels in ein Brett. Die Behandlungsrunde (Schritte 1 bis 3) entspricht einem Schlag des Hammers auf den Nagel. Dieser „Hammerschlag" wird so oft wiederholt, bis der Nagel im Holz versenkt wurde. Komplexere Ängste kann man sich vorstellen wie eine größere Anzahl von Nägeln, die alle nacheinander ins Holz geschlagen werden müssen. Wie viele „Hammerschläge" (Behandlungsrunden) man benötigt, hängt von der Anzahl und Länge der Nägel ab (Zahl und Stärke der verschiedenen Aspekte der Angst) und von der Dicke und Härte des Holzes (Leichtigkeit oder Zähigkeit, mit der sich die Ängste vermindern lassen).

Wie bereits erwähnt, ist es durchaus möglich und kommt in der Praxis immer wieder vor, dass eine konditionierte und nicht tief verwurzelte Angst mit diesem einfachen Vorgehen in wenigen Behandlungsrunden vollständig aufgelöst werden kann. (Ein Beispiel dazu finden Sie auf der Webseite zum Buch: www.niewiederangst.com.) In aller Regel setzt sich eine Angst aus mehreren Aspekten zusammen, die nacheinander angegangen und aufgelöst werden müssen.

Nehmen wir an, dass sich die Höhenangst durch das Auflösen der Angst vor dem Herunterstürzen in ihrer Intensität von 10 auf 8 vermindert hat. Jetzt stellen Sie sich die Frage: „Was verursacht die verbliebene Angst?" Mögliche Antworten wären:

- Angst vor Verletzung und Schmerzen
- Angst, hilflos und abhängig zu sein
- Angst, zu sterben
- Angst …

Klopftechnik

Ihre erste Antwort könnte lauten: „Ich habe Angst, mich zu verletzen und Schmerzen zu erleiden." Die Intensität stufen Sie mit 8 ein (1. Behandlungsschritt). Nun klopfen Sie den Karatepunkt an der Handkante, während Sie dreimal wiederholen: „Ich akzeptiere mich voll und ganz, auch wenn ich Angst habe, mich zu verletzen und Schmerzen zu erleiden" (2. Behandlungsschritt). Dann klopfen Sie alle Behandlungspunkte, während Sie bei jedem Punkt wiederholen: „Angst, mich zu verletzen und Schmerzen zu erleiden" (3. Behandlungsschritt).

Die Behandlungsrunden (also die Schritte eins bis drei) wiederholen Sie so lange, bis sich die Angst, sich zu verletzen und sich wehzutun, auf das Niveau von 2, 1 oder 0 vermindert hat. Sollten Sie feststellen, dass sich das Angstniveau von einer Behandlungsrunde zur nächsten nicht mehr vermindert, ist es erforderlich, Erlebnisse der Vergangenheit zu behandeln, bei denen Sie sich schon einmal so gefühlt haben (biografische Ebene). So könnte es sein, dass Sie sich früher schon einmal sehr schmerzhaft verletzt haben und dass diese Erinnerung bewusst oder unbewusst noch immer wie ein Trauma wirkt, das wie folgt gelöst werden kann:

Zunächst fragen Sie sich, wie Sie sich fühlen, wenn Sie an diese vergangene Situation denken. Die Antwort könnte lauten: „Das war so schlimm, das möchte ich nie wieder erleben." Die Intensität stufen Sie mit 8 ein (1. Behandlungsschritt). Nun klopfen Sie den Karatepunkt, während Sie laut oder in Gedanken dreimal zu sich sagen: „Ich akzeptiere mich voll und ganz, auch wenn das damals so schlimm war, dass ich das nie wieder erleben möchte" (2. Behandlungsschritt). Während Sie die Behandlungspunkte klopfen, wiederholen Sie bei jedem Punkt: „Nie wieder erleben" (3. Behandlungsschritt). Dieses Vorgehen wiederholen Sie, bis das mit dieser Vorstellung verbundene Angstgefühl sich auf eine Intensität von 2, 1 oder 0 vermindert hat. In der Praxis sind dafür häufig drei bis fünf Behandlungsrunden erforderlich.

Nun testen Sie, ob die Angst in Ihrer Vorstellung oder in einer realen Situation noch ausgelöst werden kann. Falls die behandelte traumatische Erfahrung die alleinige Ursache für die Höhenangst war, ist diese wahrscheinlich aufgelöst. In den meisten Fällen gibt es jedoch weitere ängstigende Gedanken und Gefühle, die zur Aufrechterhaltung der Angst beitragen. Auch diese haben in aller Regel ihre Wurzeln in unangenehmen Erfahrungen in der Vergangenheit.

Nehmen wir an, der Test hat ergeben, die Höhenangst hat sich auf eine Intensität von fünf vermindert. Jetzt stellen Sie sich erneut die Frage: „Was macht mir noch immer Angst?" Die Antwort könnte lauten: „Ich habe Angst, hilflos und von anderen abhängig zu sein." Jeder von uns war in seinem Leben schon krank und

Klopftechnik

---

von anderen Menschen abhängig. Wenn jemand eine starke Angst davor hat, noch einmal in so eine Situation zu kommen, liegt dem sehr wahrscheinlich wieder eine unverarbeitete, traumatisch wirkende Situation zugrunde.

Sie erinnern sich also wieder an eine oder mehrere „unverdaute" Situationen der Vergangenheit, in denen Sie von anderen abhängig waren und sich hilflos und ausgeliefert gefühlt haben. Diese Situationen behandeln Sie nun nacheinander, bis die Erinnerung an diese Situationen keine Angst und keine unangenehmen Gefühle mehr auslöst.

Dann testen Sie erneut, ob die Angst in Ihrer Vorstellung oder in der realen Situation noch auslösbar ist. Falls noch immer ein Rest der Angst besteht, stellen Sie sich erneut die Frage, was diesen Rest der Angst (zum Beispiel mit der Intensität drei) verursacht. Jetzt könnte zum Beispiel ein Gefühl auftauchen, dessen Sie sich bisher nicht bewusst waren. Es könnte beispielsweise die Erinnerung auftauchen, dass Sie als vierjähriges Kind erlebt haben, wie Ihre Mutter gestürzt ist, und Sie Angst hatten, dass sie stirbt.

Entsprechend der erkannten Ursache klopfen Sie jetzt: „Ich akzeptiere mich voll und ganz, auch wenn ich damals Angst hatte, dass meine Mutter stirbt." Beim Klopfen der Behandlungspunkte wiederholen Sie die Erinnerungsphrase „Angst, dass meine Mutter stirbt".

Wenn Sie die mit der aufgetauchten Erinnerung verbundenen angstvollen Gedanken und Gefühle aufgelöst haben, testen Sie erneut, ob die Höhenangst noch immer besteht. Wahrscheinlich werden Sie feststellen, dass diese nun der Vergangenheit angehört. Falls Sie noch immer einen kleinen Rest der Angst verspüren, wiederholen Sie das beschriebene Vorgehen.

Die Behandlung von komplexen Ängsten und solchen mit vielen zugrunde liegenden Erlebnissen

Wie bereits erwähnt, ist die Klopfbehandlung insbesondere bei der Behandlung spezifischer Ängste und Phobien sehr erfolgreich. Obwohl spezifische Phobien häufig und in vielfältigen Formen vorkommen, leiden aber auch sehr viele Menschen an komplexeren Ängsten. Hier handelt es sich um Ängste, die nicht ausschließlich in eng definierten Situationen auftreten. Beispiele für spezifische Phobien sind Ängste vor Brücken, Spinnen, Schlangen, Fahrstühlen oder Spritzen. Komplexe Ängste treten hingegen in einer Vielzahl von Situationen auf und erfordern in aller Regel auch ein komplexeres therapeutisches Vorgehen.

Klopftechnik

Ein typisches Beispiel für komplexere Ängste ist die Agoraphobie, die Angst vor weiten Plätzen (daher der Begriff „Platzangst") oder vor Situationen, in denen man nicht flüchten kann oder im Notfall keine schnelle Hilfe bekommt. Von der Agoraphobie zu unterscheiden ist die Klaustrophobie, die Angst vor engen Räumen, für die im Volksmund ebenfalls der Begriff „Platzangst" verwendet wird. Menschen, die unter Agoraphobie leiden, erleben ihre Angst häufig in sehr vielen unterschiedlichen Situationen. Eine Kombination, die in der Behandlungspraxis häufig zu finden ist, besteht in der Angst vor Fahrstühlen, Tunneln, abgeschlossenen Räumen, bei Menschenansammlungen, in Gebäuden oder auch im Freien, beim Aufenthalt in Situationen, in denen man aus baulichen oder anderen Gründen (zum Beispiel Friseurtermin oder Zahnarztbehandlung) die Situation nicht sofort verlassen kann, sowie in Situationen, in denen man nicht innerhalb kürzester Zeit im Bedarfsfall ärztliche Hilfe bekommen kann (Stau, Fahren auf der Autobahn oder über die Landstraße).

Bei komplexeren Ängsten findet man eine Vielzahl verschiedener zugrunde liegender, unverarbeiteter Situationen, die oft aus der Kindheit stammen. Diese Situationen sind nicht notwendigerweise identisch mit den Situationen, in denen der erwachsene Patient seine Ängste erlebt. Häufig handelt es sich um *psychologisch* ähnliche Situationen. Gemeint sind Situationen, in denen sich das damalige Kind so oder so ähnlich *gefühlt* hat wie später der Erwachsene in den Angstsituationen.

Auch bei komplexen Ängsten kann die Klopfbehandlung sehr hilfreich sein, egal ob sie als reine Selbstbehandlung durchgeführt wird oder als zusätzliche Maßnahme im Rahmen einer Psychotherapie. Ich führe seit Jahren Seminare durch, in denen die Teilnehmer sowohl die Selbsthypnose als auch die Klopftechnik erlernen, und erhalte immer wieder die Rückmeldung, dass Seminarteilnehmer auch bei festgefahrenen (chronifizierten), komplexen Ängsten allein durch die Selbstbehandlung eine deutliche Besserung und manchmal auch eine vollständige Befreiung von ihren Ängsten erreichen. Diese Erfolge erfordern jedoch in aller Regel eine tägliche, intensive Selbstbehandlung über Monate hinweg sowie die kombinierte Anwendung von Klopfbehandlung und Selbsthypnose.

Bei komplexen Ängsten stehen in aller Regel sehr viel mehr unverarbeitete Situationen und Erlebnisse im Hintergrund als bei spezifischen Ängsten. Eine häufig gestellte Frage ist, wie viele Ursachen eine Angst haben kann und ob jede der ursächlichen Situationen behandelt werden muss, um die Angst vollständig und dauerhaft zu überwinden. Die Antwort darauf lässt sich am einfachsten anhand eines Beispiels verdeutlichen. Stellen Sie sich Ihre Angst als Tisch vor, der auf einer Anzahl von Beinen steht, die die Tischplatte tragen. Es gibt Angst-Tische, die stehen nur auf einem Bein oder auf zwei, andere stehen auf drei, vier, fünf oder noch mehr Beinen.

Im Laufe der Behandlung werden nacheinander die verschiedenen ursächlichen Ereignisse behandelt (Tischbeine entfernt), bis die Angst (der Tisch) in sich zusammenbricht. Globale Ängste sind oft mit Hunderten von Ereignissen verbunden. Glücklicherweise ist es nicht erforderlich, alle diese Situationen einzeln zu behandeln. Häufig reicht es, zehn, 20 oder auch bis zu 30 dieser Situationen zu behandeln. Um einen Tisch zum Umstürzen zu bringen, ist es nicht notwendig, alle Tischbeine abzusägen. Es reicht, so viele Beine zu entfernen, bis der Tisch (die Angst) umfällt oder in sich zusammenbricht.

Noch bessere Wirkung durch Einflechten positiver Aspekte

Mit der bisher beschriebenen Behandlungstechnik der Klopfmethode können Sie alle Ängste angehen. Zusätzlich kann der Erfolg noch verstärkt und erleichtert werden, wenn man beim Klopfen der Behandlungspunkte nicht nur das Problem bzw. den betreffenden negativen Aspekt der Angst anspricht, sondern auch positive Aspekte oder positive Alternativen. Hier ein Beispiel: „Ich akzeptiere mich voll und ganz, auch wenn mir diese Ängste unüberwindbar erscheinen. Ich habe aber in meinem Leben auch schon andere Probleme bewältigt, von denen ich vorher glaubte, dass dies nicht möglich sei." Ein anderes Beispiel für das Einflechten eines positiven Aspektes wäre: „Ich akzeptiere mich voll und ganz, auch wenn mir diese Ängste unüberwindbar erscheinen, aber Ängste können auch wieder abklingen."

Der Vorteil der Verwendung positiver Aspekte besteht darin, dass der gesamte Prozess des Klopfens intuitiver wird und damit noch einfacher und wirkungsvoller. Während Sie die Behandlungspunkte klopfen, können Sie frei wählen, ob Sie wie bisher an einem beliebigen Behandlungspunkt einen negativen Aspekt benennen oder einen positiven. Eine einfache Methode besteht darin, wie bisher bei allen Behandlungspunkten den negativen Aspekt der Angst zu benennen und beim letzten Behandlungspunkt (auf dem Kopf) einen positiven Aspekt. Wenn Sie ein eher strukturiertes Vorgehen bevorzugen und dennoch die Kraft der positiven Aspekte nutzen wollen, gehen Sie einfach so vor wie eben beschrieben.

Die praktische Anwendung bei meinen Seminarteilnehmern zeigt, dass auch ein völlig intuitives Vorgehen möglich und erfolgreich ist. Intuitives Vorgehen bedeutet, dass Sie an jedem Behandlungspunkt den negativen Aspekt der Angst oder auch einen beliebigen positiven Aspekt benennen können, so wie es Ihnen während des Klopfens einfällt. Folgen Sie einfach Ihren Impulsen.

Klopftechnik

Was tun, wenn Sie die Heilung innerlich als unrealistisch ablehnen und ihr somit entgegenwirken?
Es gibt Ziele, die innerlich abgelehnt werden, obwohl man sie bewusst anstrebt. Wenn jemand beispielsweise formulieren würde: „Ich akzeptiere mich voll und ganz, auch wenn ich starke Angst habe, aber ich bin sicher, dass sie morgen vollkommen verschwunden ist", wird diese positive Aussage sehr wahrscheinlich von ihm innerlich als unrealistisch abgelehnt und damit unwirksam werden.

Aus diesem Grund kann es sehr hilfreich sein, wenn man in solchen Situationen das Positive „verdünnt", sodass es leichter akzeptiert werden kann. Anstatt zu sagen: „Ich akzeptiere mich voll und ganz, auch wenn ich diese starke Angst habe, aber morgen ist sie vollkommen weg" (was der kritische Verstand wahrscheinlich ablehnen würde), kann man formulieren: „Ich akzeptiere mich voll und ganz, auch wenn ich diese starke Angst habe, aber wie wäre es, wenn die Ängste allmählich nachlassen würden?" Dies ist in doppelter Hinsicht eine „Verdünnung". Die erste Abschwächung besteht in dem Wort „allmählich", die zweite erreichen wir durch die Formulierung „wie wäre es, wenn". So kann man jede positive Alternative so weit abschwächen, dass sie für den kritischen Verstand annehmbar wird und beim Klopfen wirken kann.

Eine andere nützliche Möglichkeit ist die Wahl-Methode. Bisweilen werden positive Alternativen aus einer inneren Rebellion gegen einen vermeintlichen äußeren Zwang abgelehnt, selbst wenn man sie als positiv für sich erkannt hat. Um diesen inneren Widerstand zu umgehen, kann man die positive Alternative bzw. den positiven Aspekt als freie Entscheidung formulieren. Hier ein Beispiel: „Ich akzeptiere mich voll und ganz, auch wenn ich sehr starke Angst vor anderen Menschen habe, aber ich *wähle*, mich allmählich und in kleinen Schritten immer mehr diesen Situationen zu stellen." Statt „ich wähle" könnte man auch formulieren: „Ich entscheide mich dafür ..." Zusätzlich wird diese Alternative akzeptabel durch die Abschwächungen „allmählich" und „in kleinen Schritten".

Die Verwendung positiver Aspekte und abgeschwächter positiver Aspekte hat aber noch einen anderen wichtigen Vorteil. Es gibt immer wieder Menschen, die zweifeln, ob sie auch wirklich die richtige Formulierung verwenden. In meinen Seminaren demonstriere ich an realen Ängsten, dass die Formulierungen der Teilnehmer zuverlässig wirken, auch wenn sie subjektiv den Eindruck haben, eine völlig ungeeignete Formulierung gewählt zu haben. Selbst die Seminarteilnehmer mit den größten Zweifeln erleben in diesen praktischen Beispielen mit klinisch relevanten Ängsten, dass ihre Formulierungen wirken, solange sie darauf achten, dass sie den negativen Aspekt genau genug benennen und bei Bedarf auch eine positive Formulierung verwenden. Seitdem ich diese Erweiterung in meinen Seminaren verwende, hat praktisch kein Teilnehmer mehr über das Problem berichtet, dass er nicht weiß, wie er formulieren soll, oder dass er zweifelt, ob er richtig formuliert hat.

Wie bereits erwähnt, ist das Einflechten positiver Aspekte für den Erfolg nicht notwendig, es kann die Arbeit unter Umständen jedoch deutlich erleichtern. Durch die Verwendung positiver Aspekte und deren Abschwächung empfinden viele Anwender die Klopfmethode als noch einfacher oder auch „idiotensicher", wie es einer der Seminarteilnehmer sagte. Das Benennen positiver Aspekte wird von manchen Anwendern sogar als entscheidend für die Überwindung ihrer Ängste beschrieben.

Was tun, wenn die Klopfbehandlung nicht wirkt?
Was können Sie tun, wenn trotz Ihrer bisherigen Anwendung der Klopftechnik der gewünschte Behandlungserfolg bisher ausgeblieben ist?

Ein erster Schritt besteht in intensiveren Formulierungen bei der Vorbereitung (2. Behandlungsschritt). Hier ist es wichtig, dass die Angst in ihrer wirklichen Qualität und Intensität auch benannt wird. Wenn jemand Todesangst hat, wird es nicht ausreichen, wenn er formuliert: „Ich akzeptiere mich voll und ganz, auch wenn ich Angst habe." Hier sollte auch unbedingt die Formulierung „Todesangst" verwendet werden. Auch sollte die Formulierung mit starker Überzeugung und starkem Gefühl gesprochen werden.

Eine häufige Ursache für den mangelnden Erfolg der Klopfbehandlung besteht darin, dass die Formulierung nicht spezifisch genug ist und dass die verschiedenen Aspekte der Angst nicht einzeln behandelt werden. In solchen Fällen ist es erforderlich, die Angst noch sorgfältiger aufzudröseln, um die unterschiedlichen Aspekte ausfindig zu machen. Diese Aspekte sind dann im Rahmen der Behandlung möglichst genau anzusprechen.

Gerade bei der Behandlung von komplexeren Ängsten kommt es immer wieder vor, dass nicht hartnäckig genug am Ball geblieben und nicht mit der erforderlichen Ausdauer am Problem gearbeitet wird. Wenn die Intensität der Angst auch bei spezifischer und ausdauernder Behandlung nicht auf die gewünschte Stärke vermindert werden konnte, kann davon ausgegangen werden, dass es noch weitere zugrunde liegende Themen gibt, die gefunden und bearbeitet werden wollen.

Klopftechnik

Wichtiger Hinweis: Wenn Sie an komplexen und hartnäckigen Ängsten leiden, empfiehlt es sich, zusätzlich zur Klopfbehandlung auch die Selbsthypnose anzuwenden. Beide Methoden in Kombination miteinander haben schon oft dort Wirkung erzielt, wo die einzelnen Methoden allein nicht erfolgreich waren.

Fallbeispiel:
berufliche Ängste und Angst, ständig auf die Toilette gehen zu müssen

Im Folgenden lesen Sie die Rückmeldung einer Seminarteilnehmerin, die mich zehn Wochen, nachdem sie die Selbsthypnose und das Klopfen in einem Tagesseminar erlernt und danach regelmäßig angewendet hatte, erreichte. Diese Rückmeldung zeigt auch, wie gut sich beide Methoden ergänzen und dass sie neben der Angstbehandlung auch zur Linderung anderer Beschwerden beitragen.

Klopftechnik

Hallo Dr. Preetz,

ich habe vor knapp drei Monaten am Seminar „Aktivierung der Selbstheilungskräfte" teilgenommen und möchte Ihnen wie versprochen berichten, wie es mir bis jetzt ergangen ist. Mein Problem war, dass ich aufgrund meiner chronisch entzündlichen Darmerkrankung immer Angst hatte, auf Toilette zu müssen, wenn ich die Wohnung verlassen habe, und konnte deshalb auch nicht einkaufen gehen oder mal spontan hinausgehen. Dies hat sich auf jeden Fall gebessert. Durch die Selbsthypnose und das Klopfen habe ich ein Stück Vertrauen in meinen Körper zurückgewonnen.
Bereits zwei Wochen nach dem Seminar konnte ich mit meinem Freund ganz entspannt durch Karstadt und das Allee-Center gehen, ohne direkt Panik zu bekommen, ich könnte es nicht mehr rechtzeitig zur Toilette schaffen. Das war bereits ein sehr großer Erfolg für mich.

Die Klopfmethode wende ich besonders bei Autofahrten an, da das ja sehr einfach und schnell geht. Ich komme mittlerweile auch recht gut in die Selbsthypnose. Ich fühle mich dabei, als würde ich tiefer in den Sessel einsinken, und kann nach einiger Zeit auch nicht genau sagen, wie meine Hände und Füße liegen, ohne sie zu bewegen.

Da bei mir demnächst im Studium eine größere Prüfung ansteht, bin ich froh, die Selbsthypnose und das Klopfen erlernt zu haben. Derzeit versuche ich, über die Selbsthypnose das Gelernte zu vertiefen, so dass es jederzeit, besonders also in der Prüfung, abrufbar ist. Außerdem hoffe ich, dass ich mich vor der Prüfung durch Klopfen und Selbsthypnose beruhigen kann, da Stress und Aufregung ja die chronische Darmerkrankung wieder verschlimmern können.

Alles in allem stellt die Selbsthypnose und besonders auch das Klopfen eine große Bereicherung für mein Leben dar und ich würde das Seminar jederzeit weiterempfehlen.

Angelika R. (Name geändert)

Kapitel 2.4

Selbsthypnose – so programmieren Sie sich auf Angstfreiheit

Hypnotische Trancezustände werden seit Menschengedenken genutzt, um Ängste zu überwinden, sich großen Herausforderungen zu stellen oder um schwierige Abschnitte des Lebens zu bewältigen. Die Selbsthypnose als eigenständige Methode wird weltweit seit Jahrzehnten auch von vielen Tausend Menschen zur Überwindung von Ängsten eingesetzt und hat sich sehr bewährt. Hierbei haben sich verschiedene Vorgehensweisen als hilfreich erwiesen. Bevor Sie in diesem Kapitel die einfachsten Möglichkeiten der Angstbehandlung mittels Selbsthypnose kennenlernen, lesen Sie bitte zunächst eine kurze Einführung zu diesem Thema.

Was ist Selbsthypnose?

Selbsthypnose ist eine einfache Methode, Körper und Geist zu entspannen, mit dem Unterbewusstsein zu kommunizieren und es auf die Erreichung von persönlichen Zielen zu programmieren. Das kann beruflicher, sportlicher oder künstlerischer Erfolg sein oder Freude und Zufriedenheit. Auch zur Überwindung von gesundheitlichen Problemen und Ängsten, um psychische und körperliche Gesundheit wiederzuerlangen, eignet sie sich.

Mithilfe der Selbsthypnose kann man Denken, Fühlen und Handeln sowie alle körperlichen Funktionen positiv beeinflussen. So wird es unter anderem möglich, negative Gedanken, Glaubenssätze, Gefühle und Gewohnheiten zu überwinden, Konzentration und Gedächtnisleistung zu verbessern, die Durchblutung in jedem beliebigen Bereich des Körpers zu beeinflussen, Schmerzen zu vermindern oder sogar innerhalb von Sekunden völlig auszuschalten. Mittels Selbsthypnose ist es möglich, alle körperlichen Vorgänge und auch Heilungsprozesse positiv zu beeinflussen. Die Einflussnahme auf das Unterbewusstsein erfolgt mittels sprachlicher und bildlicher Zielbeschreibungen (Suggestionen). Wenn das Unterbewusstsein diese Zielvorgaben verinnerlicht hat, wird es alles in seiner Macht Stehende tun, diese zu erreichen.

Selbsthypnose

Wie kann Selbsthypnose gegen Ängste helfen?

Kurzfristige Anwendung
Die erste Möglichkeit, die Selbsthypnose zur Linderung von Ängsten einzusetzen, besteht darin, sie unmittelbar vor oder auch während der Angst auslösenden Situation anzuwenden, um das Nervensystem zu beruhigen und so Stress und Angst zu vermindern und eventuell sogar eine Panikattacke abzuwenden.

Ängste bedeuten Stress. Die Symptome, die im Zusammenhang mit Ängsten auftauchen, können daher auch als Stresssymptome verstanden werden. Mithilfe der Selbsthypnose ist es möglich, Körper und Geist tief zu entspannen und damit das allgemeine Erregungsniveau zu vermindern. Die Entspannungsreaktion ist der Gegenpol zur Stress- und damit auch zur Angstreaktion. Wenn Körper und Geist entspannen, vermindert sich die Intensität der Angst. Die Wirkung der Selbsthypnose geht jedoch weit über reine Entspannung und Stressbewältigung hinaus.

Ein Beispiel für die Wirkung einer kurzfristigen Anwendung der Selbsthypnose beschrieb eine Seminarteilnehmerin, nachdem sie die Selbsthypnose erlernt hatte, um unter anderem auch verschiedene Ängste zu überwinden. Nachdem sie ihr Lehrerstudium abgeschlossen hatte, musste sie als Referendarin in einer schwierigen Klasse unterrichten, mit der selbst ältere, erfahrenere Kollegen große Schwierigkeiten hatten. Um ihre Ängste und Unsicherheit zu bewältigen, versetzte sie sich unmittelbar vor den Unterrichtsstunden in Selbsthypnose und gab sich die Suggestion, ruhig, gelassen und selbstbewusst zu sein. Zu ihrem Erstaunen stellte sie fest, dass sich ihr Erleben und Verhalten wirklich in der suggerierten Weise veränderte und sie völlig ohne Angst und ohne Schwierigkeiten in dieser Klasse unterrichten konnte und auch von den Schülern anerkannt und respektiert wurde. Als ich sie im Aufbauseminar nach eineinhalb Jahren traf, war sie kaum wiederzuerkennen. Sie war zwar schon zuvor eine sehr hübsche junge Frau gewesen, aber sie hatte sehr scheu und ängstlich, wenig selbstbewusst und eher unscheinbar wie Aschenputtel gewirkt. Nach 18 Monaten Klopftechnik und Selbsthypnose war sie wie verwandelt. Sie wirkte sehr gelassen, freundlich und selbstbewusst und noch viel attraktiver als zuvor. Aus Aschenputtel war eine Prinzessin geworden. Es war wunderbar, Zeuge dieser Metamorphose zu sein. Wo werden SIE in 18 Monaten sein, welche Ängste, Hemmungen und Unsicherheiten werden SIE überwunden haben und wie wird sich IHR Leben zum Besseren wenden?

Selbsthypnose

Längerfristige Anwendung

Auch wenn es möglich ist, mithilfe von Suggestionen Ängsten vorzubeugen bzw. auftretende Ängste zu lindern, ist es empfehlenswert, mit längerfristiger Perspektive zu behandeln, sodass diese Ängste gar nicht erst auftreten. Denn wenn Angst und Stress eine gewisse Intensität überschritten haben, kann es sein, dass eine kurzfristige Anwendung der Selbsthypnose nicht mehr ausreicht, um rechtzeitig gegenzusteuern.

Die am häufigsten verwendete Methode, Selbsthypnose langfristig zur Angstbewältigung einzusetzen, besteht darin, statt Angst gewünschte Reaktionen wie psychische, emotionale und körperliche Ruhe, Entspannung, Gelassenheit und Selbstsicherheit ins Unterbewusstsein einzuprogrammieren. Hypnose und Selbsthypnose bieten hervorragende Möglichkeiten, Körper, Geist und Seele so zu konditionieren, dass das Denken, Fühlen und Handeln sowie die körperlichen Reaktionen automatisch in der gewünschten Weise erfolgen.

Untersuchungen zeigen, dass 95 Prozent unseres Verhaltens automatisch durch unbewusst ablaufende Programme gesteuert werden. Das Unterbewusstsein ist ein mächtiger Biocomputer. Die auf diesem Computer installierten Programme entscheiden darüber, welche Gedanken, Gefühle, Körperreaktionen und Handlungen in bestimmten Situationen ausgelöst werden. So kann beispielsweise auf der „Festplatte" Ihres Unterbewusstseins das Programm abgelegt sein, in einer bestimmten Situation mit Angst zu reagieren. Dieses „Programm" kann ähnlich wie bei einem Computer durch ein „Programm-Update" aktualisiert, das heißt auch geändert werden.

Es ist also möglich, mittels Hypnose und Selbsthypnose auf der Festplatte Ihres Unterbewusstseins einfach ein neues Programm und damit die gewünschte Reiz-Reaktions-Verknüpfung zu installieren. Alles, was Sie tun müssen, ist, sich in der Selbsthypnose wiederholt das gewünschte Ergebnis mit Worten zu beschreiben und es sich in Ihrer Vorstellung auszumalen, um die entsprechenden Reaktionen anzubahnen. Statt beispielsweise panische Angst vor jedem noch so kleinen Hund zu bekommen, werden Sie dann feststellen, dass Sie in der Gegenwart von Hunden auf einmal gelassen und entspannt bleiben und vielleicht sogar in manchen Situationen den Wunsch verspüren, einen Hund zu streicheln.

Bevor Sie nun verschiedene Möglichkeiten kennenlernen, Ihr Unterbewusstsein zu programmieren, soll der Vorgang des Programmierens an zwei Beispielen verdeutlicht werden. Danach lernen Sie, eigene Suggestionen zu erstellen, um mithilfe der Selbsthypnose Ihre Ängste zu überwinden.

Selbsthypnose

Beispiel Errötungsangst

Ein Beispiel für eine unerwünschte Reiz-Reaktions-Verknüpfung ist die Angst zu erröten (Erythrophobie), die in angstbesetzten Situationen auch prompt die gefürchtete Reaktion, also das Erröten, auslöst. Dave Elman, einer der besten Hypnosetherapeuten des letzten Jahrhunderts, hat im Rahmen von Strafprozessen Hypnotisierten suggeriert, dass ihre linke Gesichtshälfte errötet, sobald sie lügen. Tatsächlich ist dann bei einer Lüge innerhalb von Sekunden genau diese Reaktion eingetreten. Die Hypnotisierten haben dies zu ihrem Erstaunen mithilfe eines Spiegels festgestellt, was sich sehr positiv auf ihr Aussageverhalten ausgewirkt haben soll. Dies zeigt in eindrucksvoller Weise, dass das Erröten ein unbewusst gesteuerter Prozess ist, der durch Suggestionen beeinflusst werden kann.

Typische Situationen für das ungewollte Erröten sind der Kontakt mit dem anderen Geschlecht, Vorwürfe und Beschuldigungen, sich ertappt fühlen, peinliche Momente oder auch Vorträge und Referate. Die unerwünschte Reaktion (Erröten) kann man mithilfe der Selbsthypnose durch die gewünschte Reaktion (Nicht-Erröten) ersetzen. Dazu reicht es in aller Regel aus, sich in der Selbsthypnose über einen längeren Zeitraum folgende Suggestion zu geben: „Wenn ich rot werden will, geht das Blut in die Beine." Statt dieser Suggestion oder auch ergänzend dazu hat sich auch folgende Suggestion bewährt: „Erröten ist ganz gleichgültig."

In jeder Selbsthypnose werden diese Suggestionen über einen längeren Zeitraum ungefähr fünfmal wiederholt. Dies bewirkt, dass die gewünschte körperliche Reaktion dann auch tatsächlich eintritt. Die meisten Menschen stellen erst im Nachhinein fest, dass sie schon längere Zeit nicht mehr errötet sind und dass sie in der zuvor angstbesetzten Situation nicht einmal mehr daran gedacht haben, dass sie hätten erröten können.

Beispiel Prüfungsangst

Nehmen wir als zweites Beispiel die Prüfungsangst. Sie ist in aller Regel komplexer als die Errötungsangst und erfordert dementsprechend ein umfassenderes, durchdachteres Herangehen. Auch wenn Suggestionen wie „In Prüfungen bleibe ich ganz ruhig, gelassen und entspannt" schon vielen Menschen geholfen haben, empfiehlt es sich, die gewünschte Reaktion ausführlicher in das Unterbewusstsein einzuspeichern. Dies geschieht, indem Sie sich in der Selbsthypnose Suggestionen geben, die so detailliert und lebendig wie möglich beschreiben, wie Sie sich in einer Prüfungssituation fühlen wollen, wie Sie denken und handeln wollen und wie Ihr

Selbsthypnose

Körper reagieren soll. Darüber hinaus beschreiben Sie das gewünschte Ergebnis (in diesem Fall die erfolgreich bestandene Prüfung) und die daraus resultierenden positiven Konsequenzen. In der Praxis wird man sich mindestens zwei bis drei Wochen zuvor durch tägliche Selbsthypnosen auf die Prüfung vorbereiten.

Suggestionen zur Programmierung des Unterbewusstseins

Die nachfolgenden Suggestionen sind ein Beispiel dafür, wie Sie Ihr Unterbewusstsein programmieren können, um das gewünschte Ergebnis zu erzielen. Da es zahllose verschiedene Phobien gibt (das sind Ängste vor spezifischen Situationen, Tieren und Dingen), würde es den Rahmen jedes Buches sprengen, für jede Phobie geeignete Suggestionen zur Verfügung zu stellen. Viel sinnvoller ist es, das Prinzip zu vermitteln und an einem Beispiel zu verdeutlichen, sodass Sie sich Ihre eigenen Suggestionen erstellen können, die Ihren persönlichen Umständen und Bedürfnissen am besten entsprechen. Dies ist erfahrungsgemäß auch wirksamer als die Anwendung von Standardsuggestionen.

So finden Sie Ihre eigenen, maßgeschneiderten Suggestionen
Um Ihre Suggestionen zu finden, stellen Sie sich vor, Sie haben Ihr Ziel der Angstfreiheit bereits erreicht. Wenn Sie ein visueller Mensch sind, können Sie sich das erreichte Ziel auch gern bildlich vor Ihrem geistigen Auge ausmalen. Wenn möglich, beziehen Sie auch die anderen Sinne wie Geruchs-, Geschmacks-, Hör- und Tastsinn mit ein. Notieren Sie sich nun Ihre Antworten auf folgende Fragen:

- Was DENKEN Sie?
- Wie FÜHLEN Sie sich?
- Was TUN Sie und wie VERHALTEN Sie sich?
- Was SEHEN und HÖREN Sie?
- Falls zutreffend: Was RIECHEN oder SCHMECKEN Sie?
- Welche SITUATIONEN werden Sie dann meistern und wie wird sich Ihr Leben in positiver Weise verändern?
- Zusätzlich ist es häufig hilfreich, das BEDÜRFNIS im zu verändernden Verhalten zu vermindern. Für einen Raucher, der sein Laster aufgeben möchte, wäre beispielsweise die Suggestion hilfreich: „Rauchen ist vollkommen gleichgültig"

Alle Antworten auf die genannten Fragen sind Kandidaten für Ihre Suggestionen. Nach der Beantwortung dieser Fragen könnten Ihre Suggestionen zur Überwindung von Prüfungsängsten beispielsweise so lauten:

Selbsthypnose

„Ich bin in der Prüfung absolut gelassen und entspannt und fühle mich vollkommen wohl. Ich bin selbstbewusst und voller Selbstvertrauen, weil ich gut vorbereitet und mir sicher bin, dass ich sämtliche Informationen verfügbar habe. Sobald ich den Raum betrete, fühle ich mich vollkommen ruhig, gelassen und entspannt und bin zuversichtlich, dass ich die Prüfung bestmöglich bestehen werde.

Alle Ablenkungen und Geräusche sind vollkommen gleichgültig und verstärken meine Konzentration auf die Prüfungsfragen. Bei schriftlichen Prüfungen lese ich mir die Instruktionen gründlich durch und weiß genau, was zu tun ist. Meine Gedanken sind ruhig und klar. Ich bin vollkommen konzentriert, verstehe alle Fragen leicht und beantworte sie ruhig und sicher. Gleichgültig, wie schwierig die Fragen erscheinen mögen, ich bleibe ganz ruhig und gelassen und entspannt, weil ich alles gelernt habe und gut vorbereitet bin. Ich beginne mit der Frage, die ich am leichtesten beantworten kann, und beantworte diese, so gut es geht. Die Aufgaben gehen mir leicht von der Hand und ich habe Spaß daran, sie zu beantworten. Mit jeder Frage, die ich beantwortet habe, werde ich noch ruhiger, gelassener und sicherer und die Beantwortung der nächsten Frage fällt mir noch leichter. Ich beantworte alle Fragen so sicher und zügig, dass mir genügend Zeit bleibt, meine Antworten noch einmal durchzulesen und gegebenenfalls zu ergänzen.

Ich habe ein hervorragendes Gedächtnis und kann alle Informationen mühelos abrufen. Wenn ich eine Frage sehe oder höre, lässt mein Unterbewusstsein die korrekte Antwort auftauchen. Falls sich ein Gefühl von Unruhe oder Nervosität einstellen sollte, atme ich einfach tief ein und langsam aus und alle Spannungen fallen von mir ab, als ob ich einen Umhang abwerfe.

Am Ende verlasse ich den Raum ganz zufrieden, gelassen, entspannt und zuversichtlich, weil ich die Prüfung mit bestmöglichen Ergebnissen bestanden habe. Ich bin stolz auf mich und genieße die Glückwünsche meiner Familie und meiner Freunde. Aufgrund meines Erfolges stehen mir die Tore für meinen beruflichen Erfolg weit offen."

Selbsthypnose

Bitte beachten Sie, dass Sie die hier beispielhaft genannten Suggestionen unverändert übernehmen oder Ihren Bedürfnissen entsprechend anpassen können. Sie können bestimmte Suggestionen kürzen oder ganz weglassen oder andere Aspekte ausbauen oder neu aufnehmen.

Lesen Sie sich nun die Suggestionen zur Überwindung von Prüfungsängsten noch ein zweites Mal durch und achten Sie darauf, welche Suggestion auf die Ebene der Gedanken, welche auf die der Gefühle, des Verhaltens, der körperlichen Reaktion und des allgemeinen gewünschten Ergebnisses abzielen. Mit diesem Wissen, also mithilfe der zuvor von Ihnen aufgeschriebenen Stichpunkte und der nachfolgend beschriebenen Prinzipien zur Erstellung erfolgreicher Suggestionen, können Sie nun beginnen, Ihre eigenen Suggestionen zu erstellen.

Das Geheimnis erfolgreicher Suggestionen

Nachfolgend werden die wichtigsten Prinzipien beschrieben, die Sie berücksichtigen sollten, um mit Ihren Suggestionen eine optimale Wirkung zu erzielen:

Beginnen Sie mit „ich" oder einem anderen Wort, das auf Sie als handelnde Person hinweist: „Ich habe ein hervorragendes Gedächtnis" oder „Mein Gedächtnis wird von Tag zu Tag immer besser".

Sprechen Sie in der Gegenwart und formulieren Sie Ihre Suggestionen so, als ob das Ziel bereits eingetreten wäre („In Prüfungen bin ich vollkommen ruhig, gelassen und entspannt.").

Formulieren Sie positiv. Benennen Sie das, was Sie erreichen, und nicht das, was Sie überwinden wollen. Statt: „Ich bekomme keine Angst, wenn ich einen Hund sehe", sagen Sie: „Wenn ich einen Hund sehe, bleibe ich ganz ruhig, gelassen und entspannt." (In vielen Büchern wird es wie ein eisernes Gesetz beschrieben, dass man bei der Verwendung von Suggestionen und Affirmationen jegliche Form von Negationen kategorisch vermeiden soll. Nach meiner Erfahrung kann man dieses Thema etwas entspannter sehen, wodurch auch das Formulieren von Suggestionen in manchen Fällen einfacher wird. Mehr darüber, warum Negationen in manchen Fällen durchaus sinnvoll und erfolgreich sein können, erfahren Sie auf der Webseite zum Buch: www.niewiederangst.com.)

Formulieren Sie kurz und knapp und beschränken Sie sich auf das Wesentliche.

Selbsthypnose

Wenn es passt, verwenden Sie einen Reim.

Von der Hypnose und auch von Selbsthypnosen beispielsweise zur Gedächtnisverbesserung wissen wir, dass allein verbale Suggestionen bereits eine enorme Wirkung entfalten können (verbale Suggestionen sind zielbeschreibende Sätze wie: „In Prüfungen bleibe ich ganz ruhig, gelassen und entspannt."). Um die Wirkung Ihrer programmierenden Suggestionen zu optimieren, empfiehlt es sich, diese zusätzlich durch zielbezogene Vorstellungen und Gefühle zu ergänzen. Dadurch sprechen Sie verschiedene Bereiche des Gehirns an und verstärken die Wirkung der Suggestionen deutlich.

Der wohl wichtigste Grund, warum Vorstellungen oder innere Bilder so kraftvoll wirken, besteht darin, dass Ihr Unterbewusstsein nicht zwischen einer Vorstellung und einem realen Erlebnis unterscheiden kann. Es reagiert auf die positive Zielvorstellung so, als hätten Sie diese in der Realität bereits erreicht. Dadurch können Sie in der Selbsthypnose eine enorme zusätzliche Wirkung entfalten.

Rufen Sie das Gefühl wach, das sich einstellt, wenn Sie Ihr Ziel bereits erreicht haben, und spüren Sie dies in Ihrem Körper. Nehmen Sie bewusst wahr, wie sich Ihr Körper anfühlt. Bei der Suggestion zur Überwindung der Errötungsangst: „Wenn ich rot werden will, geht das Blut in die Beine", vergegenwärtigen Sie sich, wie es sich anfühlt, wenn genau dies geschieht.

Überprüfen Sie nun Ihre eigenen Suggestionen dahingehend, ob sie alle drei Ebenen (verbale Suggestionen, Vorstellungen/innere Bilder und Gefühle) beinhalten. Wenn nicht, dann ergänzen Sie Ihre Suggestionen dementsprechend, denn so erhöhen Sie deren Wirksamkeit.

Bitte erstellen Sie sich nun Ihre eigenen Suggestionen, mit deren Hilfe Sie Ihre Ängste überwinden und sich auf Angstfreiheit programmieren wollen.

Wichtiger Hinweis:
Wenn möglich, sollten Sie keine unüberlegten Suggestionen verwenden. Optimal ist es, wenn Sie sich ein wenig Zeit geben, um Ihre Suggestionen zu formulieren und diese aufzuschreiben. Dann können Sie sie entsprechend den oben genannten Regeln optimieren (beginnend mit „ich", in der Gegenwart, positiv etc.). Wenn Sie ein wenig in der Selbsthypnose erfahren sind, sollte es für Sie einfach sein, geeignete Suggestionen zu finden, auch wenn Sie die Selbsthypnose kurzfristig einsetzen wollen, um eine unvorhergesehene Herausforderung zu bewältigen. Fragen Sie sich einfach: „Was müsste ich denken, fühlen und tun, damit ich diese Situation optimal bewältige?" Die Antworten auf diese Frage ergeben die Inhalte für Ihre Suggestionen.

Selbsthypnose

Gedächtnisverbesserung mit Selbsthypnose

Bei Bedarf kann mithilfe der Selbsthypnose zusätzlich auch das Gedächtnis erheblich verbessert werden, indem Sie sich Suggestionen geben, die das Lernen, Behalten und den Abruf des Gelernten unterstützen. Zahlreiche Studenten haben mir berichtet, dass sie sich dank der Selbsthypnose mit deutlich weniger zeitlichem Aufwand viel mehr Lernstoff besser aneignen konnten und in mündlichen wie auch schriftlichen Prüfungssituationen ihr Wissen sehr viel leichter und sicherer abrufen konnten. Die Verbesserung der Lern- und Gedächtnisleistung stärkt auch das Selbstbewusstsein, das Selbstvertrauen und das Selbstwertgefühl und ist somit eine wichtige zusätzliche Hilfe bei der Überwindung von Prüfungsängsten. Die nachfolgenden Suggestionen sind Beispiele, die Sie wieder unverändert übernehmen oder auch auf Ihre eigenen Bedürfnisse zuschneiden können. Diese Suggestionen haben sich auch unabhängig von der Überwindung von Prüfungsängsten zur allgemeinen Verbesserung des Gedächtnisses bewährt:

„Ich habe ein hervorragendes Gedächtnis. Mein Gedächtnis ist unbegrenzt und wird von Tag zu Tag besser. Ich erinnere mich an alles Wichtige, wann immer ich will. Informationen prägen sich ein, wie mit einer Klette angeworfen. Wie ein Schwamm saugt mein Gedächtnis alle wichtigen Informationen schnell und dauerhaft auf und sie stehen mir jederzeit schnell und sicher zur Verfügung.

Während ich schlafe, rekapituliert mein Geist alles Gelernte und Erlebte, integriert es und speichert alles dauerhaft und leicht abrufbar ab.

Mein bildliches Gedächtnis und meine Vorstellungsfähigkeit werden von Tag zu Tag besser.

Mein Gehirn ist wie ein Computer mit einer unbegrenzten Festplatte. Alles, was ich jemals erlebt und gelernt habe, befindet sich auf dieser Festplatte und kann jederzeit abgerufen werden.

Wann immer ich mich an etwas erinnern will, brauche ich mich nur zu entspannen und die Informationen steigen in mein Bewusstsein auf.

Ich lasse jegliches Bedürfnis los, Dinge zu vergessen. Der kreative Teil meines Unterbewusstseins findet automatisch neue Lösungen für Probleme, die ursprünglich die Gedächtnishemmung verursacht haben."

Selbsthypnose

Die erfolgsentscheidenden zwei Unterschiede zwischen Affirmationen und Suggestionen

Wie Sie bereits wissen, können Sie Ihr Unterbewusstsein mit Zielvorstellungen programmieren. Diese verbalen Zielvorstellungen, auch als „Affirmationen" bekannt, werden bei Anwendung in Hypnose und Selbsthypnose „Suggestionen" genannt. Es gibt zwei wesentliche Unterschiede, die die massive Überlegenheit der Suggestionen gegenüber den Affirmationen ausmachen. Erstens wirken Suggestionen ca. 50- bis 200-mal stärker als Affirmationen. Zweitens ist es durch die Selbsthypnose möglich, Suggestionen ins Unterbewusstsein zu schleusen, die als Affirmationen (also ohne Anwendung von Selbsthypnose) vom kritischen Verstand zurückgewiesen würden. Wenn man diese Sachverhalte kennt, wird verständlich, warum mithilfe der Selbsthypnose in kurzer Zeit Dinge erreichbar sind, die zuvor auch nach Jahren der Anwendung von Affirmationen unerreichbar geblieben sind.

Ein wichtiger Hinweis, der über Erfolg und Misserfolg entscheiden kann

Sie haben nun Ihre eigenen Suggestionen und brauchen nur noch die Selbsthypnose, um Ihren Ängsten Paroli zu bieten.

Bevor Sie sich der Selbsthypnose zuwenden, sollten Sie für sich ganz ehrlich die Frage beantworten, ob Sie generell Schwierigkeiten haben zu entspannen. Wenn ja, kann es für Sie erforderlich sein, einen Zwischenschritt einzulegen und zunächst Ihre Entspannungsfähigkeit zu trainieren.

Die auf der Begleit-CD zum Buch verwendete Kombination von bewährter Selbsthypnosetechnik und Hirnwellenstimulation (siehe dazu weiter unten in diesem Kapitel) ist insbesondere auch für Menschen hilfreich, die Schwierigkeiten haben, ohne Unterstützung zu entspannen und in Trance zu gehen.

Falls Sie trotz Begleit-CD Schwierigkeiten haben sollten zu entspannen, empfiehlt es sich, als Zwischenschritt das Entspannungstraining durchzuführen. Dadurch wird das Erlernen der Selbsthypnose leichter und Sie werden sehr viel mehr Erfolg haben. Lesen Sie in diesem Fall bitte unbedingt im Anhang das Kapitel „Training der körperlichen Entspannung" und führen Sie die dort beschriebenen Entspannungsübungen durch, bevor Sie mit der Selbsthypnose beginnen.

Wir gehen an dieser Stelle davon aus, dass Sie hinreichend gut entspannen können bzw. dass Sie das Training der körperlichen Entspannung durchgeführt haben, falls dies für Sie angeraten war. Haben Sie es gemacht? Wenn nicht, tun Sie es jetzt.

Selbsthypnose

Nun sind Sie bereit, die Selbsthypnose mittels CD ganz leicht und unkompliziert zu erlernen und anzuwenden. Damit Sie möglichst leicht und einfach mit der Selbsthypnose vertraut werden und sich nicht unnötig behindern, sollten Sie wissen, welches die größten Saboteure der Selbsthypnose sind und welche Geisteshaltung optimal ist, um die Selbsthypnose zu erlernen und erfolgreich anzuwenden.

Die beiden größten Saboteure der Selbsthypnose
Die Selbsthypnose bietet über die körperliche und geistige Entspannung einen zuverlässigen Weg, in einen hypnotischen Trancezustand zu gelangen, der gezielt zur Überwindung von Ängsten (und anderen Problemen) genutzt werden kann. Dennoch gibt es immer wieder Menschen, die Schwierigkeiten haben, einen hypnotischen oder auch selbsthypnotischen Trancezustand zuzulassen. Was macht es nun manchen Menschen schwer, sich auf eine Trance einzulassen?

Es gibt zwei Hauptursachen, die mehr als alles andere den Erfolg der Hypnose und auch der Selbsthypnose behindern. *Die erste und häufigste Ursache heißt Angst.* Es gibt viele Ängste und falsche Vorstellungen bezüglich der Hypnose, die aus falschen Informationen resultieren. Am häufigsten sind Ängste, dem Hypnotiseur völlig ausgeliefert zu sein, seinen Befehlen gehorchen zu müssen, bewusstlos zu sein und hinterher nicht mehr zu wissen, was man getan hat. Die wichtigsten Irrtümer über die Hypnose werden auf der Webseite zum Buch: www.niewiederangst.com beschrieben und richtiggestellt.

Eine starke Behinderung für die Hypnose und auch für die Selbsthypnose ist die Angst, die Kontrolle zu verlieren. Menschen mit einem starken Kontrollbedürfnis haben Angst, loszulassen und sich in der Hypnose einem anderen Menschen anzuvertrauen oder in der Selbsthypnose dem eigenen Körper zu vertrauen. Sie können das nicht, selbst wenn sie es wollen. Sie erleben den entspannten Zustand der Selbsthypnose bewusst oder unbewusst als bedrohlich und wehren sich innerlich dagegen.

Der zweite große Saboteur der Hypnose und Selbsthypnose ist die rationale und kritische Reflexion während der Hypnose. Gemeint sind hier Menschen, die entweder generell sehr skeptisch und misstrauisch sind, oder Menschen, die durch eine wissenschaftliche Ausbildung oder durch ihre Arbeit gewohnt sind, alles zu hinterfragen und ständig nach „Beweisen" zu suchen. Betroffen sind auch Menschen, denen es prinzipiell sehr schwerfällt, ihren Geist zur Ruhe kommen zu lassen. Die kritische Reflexion, das ständige Wälzen von Gedanken und Problemen oder auch das Vergleichen und Einsortieren führt zu einer starken Bewusstseinsaktivität,

Selbsthypnose

die dem Zustand der Hypnose und auch der Selbsthypnose entgegenwirkt. Diese kritischen Menschen überprüfen ständig, ob sie nun wirklich in Selbsthypnose sind. Es verhält sich jedoch mit der Selbsthypnose ähnlich wie mit dem Einschlafen: Wenn man aufhört zu grübeln, wenn man loslässt und darauf vertraut, dass das Richtige geschehen wird, schläft man auch leicht und schnell ein wie ein Baby. Die Kontrolle, ob man jetzt dem Schlaf schon nähergekommen ist, verstärkt die Bewusstseinsaktivität und ist somit die „beste" Methode, das Einschlafen zu verhindern. Die rationale Kontrolle, ob man in Selbsthypnose ist, entspricht dem Anzünden eines Streichholzes, um zu sehen, ob es dunkel ist.

Das wirkliche Kriterium für den Erfolg

Das wirkliche Kriterium für den Erfolg der Selbsthypnose besteht ohnehin nicht darin, sich hypnotisiert zu *fühlen*, sondern darin, ob die Suggestionen mittel- und langfristig wirken und Sie Ihre Ziele wie eine Verbesserung von Gesundheit, Wohlbefinden und Leistungsfähigkeit bzw. die Verminderung von Ängsten erreichen. Es ist *möglich*, in der Hypnose oder Selbsthypnose das Gefühl zu haben, in Trance zu sein, es ist aber für den Erfolg nicht erforderlich. Viele Menschen wenden die Selbsthypnose erfolgreich an, ohne ein Trancegefühl zu entwickeln. Erwarten Sie also keine ungewöhnlichen Empfindungen während der Selbsthypnose und schon gar nicht, dass Sie Ihr Bewusstsein verlieren und nichts mehr von Ihrer Umgebung mitbekommen.

Sie waren schon Tausende Male in Hypnose

Jeder Mensch ist Dutzende Male täglich in Trance, ohne sich dessen bewusst zu sein. Deshalb fühlt sich der Trancezustand auch sehr vertraut und „ganz normal" an. Viele natürliche Trancezustände haben damit zu tun, in eine bestimmte Tätigkeit vertieft zu sein und damit unweigerlich bestimmte Wahrnehmungen auszublenden.

- Waren Sie schon einmal in ein Buch vertieft und haben dabei die Welt um sich herum vergessen?
- Waren Sie schon einmal in die Handlung eines Films oder in eine Tätigkeit so versunken, dass Sie gar nicht bemerkt haben, dass Sie angesprochen wurden?
- Waren Sie schon einmal in Gedanken „ganz woanders" und für einige Momente „gar nicht richtig da"? Man nennt dieses Phänomen Tagträumen. Man ist sich dessen oft gar nicht bewusst, es fällt einem nur bei anderen auf.

Selbsthypnose

- Sind Sie schon einmal auf der Autobahn gefahren und haben sich gewundert, dass Sie an einer oder mehreren Abfahrten vorbeigefahren sind, ohne es zu merken? Dieses Phänomen nennt man „Autobahntrance".
- Haben Sie jemals eine leere Tüte Chips oder Nüsse in Ihren Händen gefunden, die zuvor noch voll war, ohne sich daran zu erinnern, sie gegessen zu haben?
- Haben Sie schon einmal einen blauen Fleck, eine Schnittwunde oder eine andere Verletzung bei sich festgestellt, ohne bemerkt zu haben, wann und wo dies geschehen ist? Sie waren zu diesem Zeitpunkt so sehr in etwas anderes vertieft, dass der Schmerz ausgeblendet wurde. Die verminderte Schmerzwahrnehmung (Analgesie) ist ein bekanntes Phänomen der Hypnose.
- Haben Sie schon einmal Ihre Schlüssel, Ihre Brille oder einen anderen Gegenstand gesucht und nachher festgestellt, dass er direkt vor Ihnen auf dem Tisch lag, ohne dass Sie ihn gesehen haben? Von einem Hypnotiseur gezielt hervorgerufen, gilt diese negative Halluzination, also das Ausblenden von Dingen, die sich vor einem befinden, als Test für eine sehr tiefe Hypnose. Ebenso wie die Schmerzfreiheit tritt dieses Trancephänomen auch in alltäglichen Situationen auf, ohne dass wir uns bewusst sind, in einer Trance zu sein.

Zusammenfassend lässt sich sagen, dass Trance ein Bestandteil unseres täglichen Lebens ist. Sie erleben sie täglich, ohne sich dessen bewusst zu sein oder sich „in Trance" zu fühlen. Deshalb kann jeder Mensch auch leicht in Trance gehen. Weil die hypnotische Trance ein ganz natürlicher Zustand ist, fühlen sich auch Hypnose und Selbsthypnose sehr vertraut an.

Selbsthypnose bedeutet also nicht, dass Sie etwas ganz Neues lernen und etwas ganz Besonderes *fühlen*. Selbsthypnose bedeutet vielmehr, dass Sie lernen, einen Trancezustand willentlich herbeizuführen und aufrechtzuerhalten, um ihn für die Erreichung Ihrer Ziele zu nutzen. Menschen, die wissen, dass die Wirkung der Selbsthypnose nicht davon abhängt, diese als einen besonderen Zustand *wahrzunehmen*, haben einen viel größeren Erfolg als die Perfektionisten und Zweifler. Sie wenden die Selbsthypnose öfter an und vermeiden auch die mit dem Zweifel verbundenen negativen Erwartungen bezüglich der Wirksamkeit der Hypnose.

Die optimale Geisteshaltung beim Erlernen der Selbsthypnose

Die optimale innere Haltung hinsichtlich des Erlernens der Selbsthypnose ist verbunden mit der Bereitschaft, beim Lernprozess einen Schritt des Lernprozesses nach dem anderen zu gehen. Es geht um die Fähigkeit, sich fallen zu lassen, zu

Selbsthypnose

vertrauen und sich die Zeit zum Erlernen der Selbsthypnose und zur Erreichung der angestrebten Ziele zu geben. Je weniger Sie bewusst erreichen wollen und je geduldiger Sie mit sich sind, desto besser funktioniert die Selbsthypnose und desto schneller werden Sie Ihre Ziele erreichen.

Mit dem Erlernen der Selbsthypnose ist es wie mit einer automatischen Drehtür im Kaufhaus oder in einem Hotel. Sobald Sie zu schieben beginnen, bleibt die Tür stehen und statt schneller voranzukommen, treten Sie auf der Stelle. Mit Geduld kommt man auch bei der Selbsthypnose am schnellsten voran. Geben Sie sich also genügend Zeit, mit der Selbsthypnose vertraut zu werden, bevor Sie mit der Angstbehandlung beginnen. Abraham Lincoln sagte einmal: „Wenn ich sechs Stunden hätte, um einen Baum zu fällen, dann würde ich die ersten vier Stunden lang die Axt schärfen." Wenn Sie sich mit der Selbsthypnose vertraut machen, bevor Sie an die Überwindung Ihrer Ängste gehen, dann schärfen Sie Ihre Axt.

Nachdem Sie nun wissen, mit welcher Geisteshaltung Sie am schnellsten, leichtesten und erfolgreichsten die Selbsthypnose erlernen, lassen Sie uns die Ärmel hochkrempeln und beginnen.

Anleitung zur Selbsthypnose

Es gibt viele Wege, die in die Selbsthypnose führen. In aller Regel wird dazu ein Prozess der fortschreitenden körperlichen Entspannung genutzt. Die in diesem Buch verwendete Methode leitet neben der körperlichen Entspannung auch gezielt einen Prozess der geistigen Entspannung ein.

Die meisten Menschen bevorzugen den Weg über eine geführte Selbsthypnose. Die Begleit-CD zum Buch leistet Ihnen in hervorragender Weise dabei Hilfe.

Falls Sie die Begleit-CD zum Buch nicht zur Hand haben, können Sie den nachfolgenden Wortlaut zur Einleitung der Selbsthypnose und zur Erstellung Ihrer eigenen Audioaufnahme verwenden, indem Sie den Text mit einem MP3-Player, Handy, Computer oder einem beliebigen anderen Audiorekorder aufnehmen. Sie können den nachfolgenden Text unverändert verwenden oder ihn individuell anpassen. Wichtig ist, dass Sie wissen, dass es sich um kein starres Schema handelt, sondern um eine bewährte Abfolge von Schritten, die Sie jederzeit Ihren individuellen Bedürfnissen gemäß abwandeln könnten. Wenn Sie mögen, können Sie auch die Anrede „Sie" durch „ich" ersetzen.

Selbsthypnose

Die Selbsthypnose mittels CD bietet viele Vorteile. Dennoch empfiehlt es sich, die Selbsthypnose auch selbstständig durchführen zu können, also unabhängig von MP3- oder CD-Player. Wenn Sie die Selbsthypnose mittels CD eine gewisse Zeit lang durchführen, wird sie Ihnen in Fleisch und Blut übergehen. Dadurch fällt es Ihnen leicht, sie auch ohne Audio-Unterstützung durchzuführen. Die selbstständige Durchführung der Selbsthypnose ist sehr vorteilhaft, weil Sie diese dadurch unabhängig von Hilfsmitteln zu jeder Zeit und an jedem Ort durchführen können.

Mit der Zeit werden Sie durch die Übung immer schneller und tiefer in die Selbsthypnose gelangen. Nach einiger Übung reicht es schon aus, dass Sie nur noch die nachfolgenden Schritte durchlaufen, um eine erfolgreiche Selbsthypnose durchzuführen. So werden Sie mit der Zeit auch in der Lage sein, relativ kurze und dennoch wirksame Selbsthypnosen durchzuführen. Sie durchlaufen dann nur noch folgende Schritte:

- körperliche Entspannung,
- geistige Entspannung,
- die wichtigste Suggestion fünfmal in Gedanken sagen und
- Beenden der Selbsthypnose.

Um das Erlernen und die Anwendung der Selbsthypnose für Sie besonders leicht zu machen, wurde eine Begleit-CD vorbereitet, mit der Sie über einen einfachen und bewährten Prozess in eine körperliche und geistige Entspannung geführt werden, der automatisch zu einer hypnotischen Trance führt, ob Sie sich dessen bewusst sind oder nicht. Er funktioniert oft auch, wenn andere Selbsthypnose-Methoden mit oder ohne CD nicht den gewünschten Erfolg erbracht haben.

Zu Beginn üben Sie also mit der nachfolgend aufgeführten, ausführlichen Selbsthypnoseeinleitung, die Sie auf der Begleit-CD finden.

Text der Begleit-CD zur Einleitung der Selbsthypnose

Körperliche Entspannung
Machen Sie es sich bequem und schließen Sie die Augen. Entspannen Sie die Augen bis zu dem Punkt, an dem Sie sie nicht mehr öffnen können. Wenn Sie glauben, dass Sie Ihre Augen nicht mehr öffnen können, dann testen Sie dies und stellen Sie sicher, dass Sie sie wirklich nicht mehr öffnen können.

Selbsthypnose

Nehmen Sie nun das Gefühl der Entspannung in den Augenlidern wahr und nehmen Sie es als Modell für den ganzen Körper. Lassen Sie dieses Gefühl der Entspannung sich ausweiten auf alle Muskeln um die Augen, auf die Wangen, die Nase, den Mund, die Lippen und die Kaumuskulatur. Wenn die *Augenlider* entspannt sind, bleiben sie geschlossen. Wenn die *Kaumuskulatur* entspannt ist, öffnet sich der Mund leicht und Sie spüren eine kleine Lücke zwischen den Zähnen.

Lassen Sie das Gefühl der Entspannung sich weiter ausweiten auf die Schläfen, die Stirn, die Schädeldecke und den Hinterkopf.

Die Zähne sind leicht geöffnet, die Zunge hängt locker im Mund und die Augen sind leicht nach oben/hinten gedreht, wie kurz vor dem Einschlafen.

Lassen Sie dieses angenehme Gefühl der Entspannung sich vom Kopf ausbreiten auf Hals, Nacken und Schultern, auf die Oberarme, Unterarme und Hände bis zu den Fingerspitzen.

Lassen Sie dieses Gefühl der Entspannung sich ausbreiten auf den Oberkörper, die Brust und den Rücken, auf den Bauch und den unteren Rücken, auf das Gesäß, auf die Oberschenkel, die Waden und Füße bis zu den Zehenspitzen.

Geistige Entspannung
Während Ihr Körper mit jedem Atemzug immer tiefer entspannt, entspannen Sie nun auch Ihren Geist.

Dazu zähle ich von fünf an rückwärts bis eins. Mit jeder Zahl verdoppeln Sie Ihre geistige Entspannung. Bei eins angelangt, fühlen Sie sich wunderbar, besser als seit langer Zeit, weil Sie nicht nur körperlich, sondern auch geistig viel tiefer entspannt sein werden. Schon bei der Zahl Zwei sind Sie so tief entspannt, dass Sie alle Zahlen, die größer sind als zwei, aus Ihrem Geist heraus entspannen können. Schon bei der Zahl Zwei sind Sie so tief entspannt, dass Sie alle Zahlen, die größer sind als zwei, aus Ihrem Geist, aus Ihrem Denken heraus entspannen können.

Wir beginnen. Fünf: Verdoppeln Sie die geistige Entspannung. So ist es gut. Vier: Verdoppeln Sie die geistige Entspannung noch einmal. Wunderbar. Sie lassen in Ihrem Geist einfach immer mehr los.

Drei: Sie verdoppeln die geistige Entspannung. Tiefer und tiefer entspannt.

Selbsthypnose

Zwei: Verdoppeln Sie die geistige Entspannung. Sie entspannen Ihren Geist tiefer und tiefer, lassen immer mehr los und sinken immer tiefer ... Die Zahlen werden nun trübe und rücken in die Ferne. Sie werden trübe und rücken in die Ferne, sie werden trübe und rücken in die Ferne. Die Zahlen verblassen und verschwinden. Sie verblassen und verschwinden, sie verblassen und verschwinden. Jetzt sind sie verschwunden. Sie sind fort, sie sind weg, jetzt sind sie verschwunden.

Vertiefungssuggestionen
Eins: Mit jedem Atemzug und mit jedem Wort von mir sinken Sie tiefer in die Entspannung.

Je tiefer Sie sinken, desto wohler fühlen Sie sich. Je wohler Sie sich fühlen, desto tiefer sinken Sie in eine angenehme Ruhe, in ein tiefes inneres Wohlgefühl. Dadurch entspannen Sie noch tiefer und fühlen sich noch wohler und sinken immer tiefer und tiefer. Alle Geräusche sind vollkommen gleichgültig und alle Geräusche vertiefen die Ruhe.

Mit jeder Wiederholung gehen Sie schneller und tiefer in die Selbsthypnose und fühlen sich immer wohler. (Dreimal wiederholen.)

Ich werde nun aufhören zu sprechen. In dieser Zeit lassen Sie sich einfach noch tiefer sinken.

Mit jedem Klang dieser Musik sinken Sie immer noch tiefer und tiefer in eine angenehm tiefe Ruhe, in eine tiefe Entspannung, in einen tiefen inneren Frieden. Gedanken lassen Sie ziehen wie Wolken, die am Horizont verschwinden. Alle Bilder und Vorstellungen bewirken, dass Sie immer noch tiefer und tiefer sinken. In dieser tiefen Entspannung erholt sich Ihr gesamtes Nervensystem. Genießen Sie nun die Zeit der Stille, bis Sie meine Stimme wieder hören ...

Drei Minuten Stille

Ansprechen

Sie hören meine Stimme nun wieder deutlich zu Ihnen sprechen.

Mit jeder Selbsthypnose gehen Sie immer schneller und tiefer in die Entspannung und Sie fühlen sich immer wohler. Mit jeder Wiederholung gehen Sie immer noch schneller und tiefer in die Selbsthypnose und Sie fühlen sich immer wohler.

Selbsthypnose

Zehn Sekunden Pause

Aufwecken

Ich zähle jetzt von eins bis fünf und bei fünf sind Sie frisch und wach, erholt und ausgeruht, voller Energie, wie nach einem tiefen und erholsamen Schlaf.

Eins: Sie sind frisch und wach, erholt und ausgeruht, voller Energie, wie nach einem tiefen und erholsamen Schlaf.

Zwei: Sie sind ausgeruht, erholt, frisch und wach. Ihre Augen sind frisch und klar, wie mit frischem, klarem Quellwasser gespült.

Drei: Sie sind frisch, erholt, ausgeruht und wach, voller Energie. Der Kopf ist leicht und frei und klar.

Vier: Sie sind selbstbewusst und voller Selbstvertrauen und Sie fühlen sich vollkommen wohl.

Es geht Ihnen jeden Tag in jeder Hinsicht besser und besser und mit jeder Wiederholung gehen Sie immer noch schneller und tiefer in die Selbsthypnose. (Zweimal wiederholen.)

Fünf: Sie sind erholt, frisch, wach und ausgeruht, voller Energie und Elan. Sie fühlen sich fantastisch. Sie öffnen die Augen, sind erholt, frisch und wach und fühlen sich wunderbar.

Wenn Sie mögen, dann atmen Sie tief ein und recken und strecken Sie sich wie nach einem wunderbar tiefen und erholsamen Schlaf. Sie sind wieder vollkommen frisch und wach und Sie fühlen sich wunderbar.

Selbsthypnose auf Knopfdruck – der einfachste Weg in die Selbsthypnose

Die Begleit-CD macht es Ihnen besonders leicht, die Selbsthypnose zu erlernen und anzuwenden. Durch die auf der CD verwendete Technik der Hirnwellenstimulation (siehe unten) kommen Menschen, die ohne Unterstützung Schwierigkeiten haben, zu entspannen und in Trance zu gehen, viel leichter in den Trancezustand. Die Aufnahmen können mit Kopfhörer oder mit Stereo-Lautsprechern verwendet werden. Für optimale Erfolge empfiehlt sich jedoch die Verwendung von Kopfhörern.

Selbsthypnose

Die CD kann aber auch dann noch für Sie sinnvoll sein, wenn Sie die Selbsthypnose bereits ohne Audio-Unterstützung beherrschen, denn manche Menschen empfinden es als sehr angenehm, zumindest hin und wieder durch die Selbsthypnose geführt zu werden. Anderen hilft die Begleitmusik dabei, schneller und tiefer in Trance zu kommen. Deshalb wird die CD von vielen Menschen auch dann noch gern verwendet, wenn sie prinzipiell bereits in der Lage sind, die Selbsthypnose ohne CD durchzuführen.

Am einfachsten haben es Menschen, die sich führen lassen und dabei nicht versuchen, es besonders gut zu machen, sondern darauf vertrauen, dass dieser Prozess zuverlässig funktioniert. Die meisten Menschen kommen mit der verwendeten Entspannungsinstruktion gut zurecht. Manche benötigen jedoch zusätzliche Hinweise, weil sie alles genau verstehen wollen, bevor sie sich auf die Selbsthypnose einlassen.

Damit Sie entscheiden können, ob Sie zusätzliche Informationen benötigen oder gleich weitermachen, schnuppern Sie zunächst einmal kurz in die Selbsthypnose hinein, nachdem Sie im nachfolgenden Abschnitt gelesen haben, wann die Hirnwellenstimulation nicht angewendet werden sollte. Danach setzen oder legen Sie sich bequem hin, sodass Sie leicht entspannen können, und hören sich Titel 2 der Begleit-CD an. Lassen Sie sich durch den Prozess der körperlichen und geistigen Entspannung führen, bevor Sie weiterlesen.

Ein Powerpaket – Selbsthypnose und angewandte Hirnforschung reichen sich die Hand

Auf der Begleit-CD zum Buch reichen sich fortgeschrittene Selbsthypnosetechnik und angewandte Hirnforschung die Hand. Die verwendete Selbsthypnose beruht auf einer bewährten und effektiven Hypnose-Einleitungstechnik, die in langjähriger Berufspraxis weiterentwickelt wurde. Sie hat sich auch als Selbsthypnosetechnik bei vielen Hundert Patienten und Seminarteilnehmern sehr gut bewährt.

Um die Wirkung der Aufnahmen auf der Begleit-CD noch weiter zu verstärken, wurde die Selbsthypnose mit einer modernen Technologie der angewandten Hirnforschung, der sogenannten Hirnwellenstimulation, verbunden. Diese ermöglicht es, den gewünschten entspannten und aufnahmefähigen Zustand von Körper und Geist über eine akustische Stimulation des Gehirns zu erreichen. Dabei wird der Frequenz-Folge-Effekt genutzt, der bewirkt, dass sich die Gehirnrhythmen äußeren visuellen oder akustischen Rhythmen anpassen.

Selbsthypnose

Wir kennen alle den Effekt, dass Musikrhythmen unterschiedliche psychische und körperliche Wirkungen auslösen. Langsame Musik beruhigt und schnelle Musik aktiviert Körper und Geist. Durch Frequenzen, die den Rhythmen des Gehirns bei tiefer Entspannung entsprechen, wird der dementsprechende Zustand im Gehirn und damit auch im Körper herbeigeführt. Während die Selbsthypnose diese Gehirnzustände „von innen" herbeiführt, wirkt die Gehirnwellenstimulation über akustische Signale „von außen".

Die Kombination von Selbsthypnose und Hirnwellenstimulation ist insbesondere auch für Menschen hilfreich, die Schwierigkeiten haben, ohne Unterstützung zu entspannen und in Trance zu gehen.

Bei der Verwendung der Hirnwellenstimulation wird empfohlen, dass diese beim Autofahren, nach dem Genuss von Alkohol, Medikamenten oder Drogen, bei Verdacht auf Epilepsie, bei Schwangerschaft, wenn Sie an Krämpfen oder Spasmen leiden oder wenn Sie einen Herzschrittmacher tragen, nicht angewandt werden sollte. Im Zweifelsfall konsultieren Sie vor Anwendung der CD Ihren Arzt.

Hinweise zur Selbsthypnose mittels der Begleit-CD

Nachdem sie sich mit der Selbsthypnose vertraut gemacht haben, ist für die meisten Menschen der Weg in die Selbsthypnose ohne weitere Erläuterungen geebnet und sie können beginnen, die Selbsthypnose regelmäßig anzuwenden. Die nachfolgenden Hinweise sind für Menschen gedacht, bei denen während oder nach der ersten Anwendung der Selbsthypnose Fragen auftauchen und der Verstand unbedingt eine Antwort verlangt, bevor sie sich ganz auf den Entspannungsprozess einlassen können, ohne ständig zu grübeln, ob sie auch alles richtig machen oder ob die Selbsthypnose bei ihnen auch wirklich funktioniert. Sollte dies für Sie nicht zutreffen, können Sie die nachfolgenden drei Hinweise überspringen.

1) Das Schließen der Augen
Zu Beginn der Selbsthypnoseeinleitung hören Sie folgende Instruktion: „Entspannen Sie Ihre Augen bis zu dem Punkt, an dem Sie sie nicht mehr öffnen können." Einige Menschen werden nach dieser Instruktion denken: „Aber ich kann doch meine Augen öffnen." Für diese Menschen ist die nachfolgende Erklärung gedacht.

Jeder Mensch ist zu jedem Zeitpunkt in der Lage, seine Augen zu öffnen, wenn er sich dazu entscheidet. Hier geht es aber gerade darum, die Augenlider bewusst

Selbsthypnose

sehr tief zu entspannen und damit eine Vergleichserfahrung zu schaffen. Gemeint ist, dass Sie ein Entspannungsgefühl in den Augenlidern erreichen, das als Modell dient für den Entspannungszustand des gesamten Körpers. Dieser kleine Schritt am Anfang ist nicht unbedingt erforderlich. Er ist aber sehr hilfreich, um den gewünschten Entspannungszustand im gesamten Körper leichter zu erreichen.

Stellen Sie sich eine Jalousie vor einem Fenster Ihres Hauses vor, die Sie mithilfe eines Zugbandes vollständig heruntergelassen haben. Wenn sich nun alle Lamellen locker übereinandergelegt haben, sodass kein Licht mehr durch die Jalousie dringt, lassen Sie dieses lockere Band los.

Wenn Sie sich nun vorstellen, Ihre Augenlider sind Jalousien, die in der beschriebenen Weise heruntergelassen werden, und wenn Sie sich weiterhin vorstellen, dass die Zugbänder beider Jalousien (die Muskeln Ihrer Augenlider) völlig locker und entspannt sind, dann haben Sie den gewünschten Entspannungszustand erreicht. Wenn Sie diesen Zustand in Ihrer Vorstellung halten, werden Ihre Augen geschlossen bleiben, auch wenn Sie sanft versuchen, Ihre Augen zu öffnen, denn dies ist ja nur dann möglich, wenn Sie die Muskeln Ihrer Augenlider wieder anspannen.

Die meisten Menschen verstehen nach dieser Erklärung, was gemeint ist, und können nun den gewünschten Entspannungszustand in den Augenlidern sehr schnell herstellen. Falls Sie immer noch nicht ganz sicher sind, was gemeint ist, überspringen Sie einfach diesen kleinen Trick und entspannen Sie Ihre Augenlider einfach so weit, dass diese so locker und entspannt wie möglich und Ihre Augen geschlossen sind.

2) Verdoppelung der geistigen Entspannung
Nach der körperlichen Entspannung werden Sie in die geistige Entspannung geführt, indem Sie der bewährten Vorstellung folgen, während des Rückwärtszählens von fünf bis eins bei jeder Zahl die geistige Entspannung zu verdoppeln. Folgen Sie dieser Instruktion, indem Sie im Geist einfach noch mehr loslassen. Falls Sie mit dem Begriff „Loslassen" nichts anfangen können, ballen Sie bitte jetzt Ihre rechte Hand zur Faust, bis es nicht fester geht. Nachdem Sie diese Spannung ein paar Sekunden gehalten haben, lassen Sie los und lockern die Faust, damit alle Spannungen aus der Faust abfließen. Nehmen Sie wahr, wie angenehm es ist, dass die Spannung nachlässt. Dies können Sie mit jedem Bereich Ihres Körpers tun und auch mit Ihrem Kopf. Lassen Sie in Ihrem Geiste bei jeder Zahl einfach noch mehr los, als ob Sie eine geistige Faust in Ihrem Kopf entspannen.

Selbsthypnose

3) Zahlen verschwinden lassen
Versuchen Sie, durch eine tiefe geistige Entspannung einen Zustand von Losgelöstheit und Ruhe, von Gelassenheit und Gedankenlosigkeit entstehen zu lassen. Die Anleitung, die Zahlen verschwinden zu lassen, ist sehr hilfreich dafür, diese tiefe geistige Entspannung zu erreichen. Denken Sie daran: Je entspannter und weniger aktiv Ihr Geist ist, desto wirksamer ist die Selbsthypnose und desto leichter werden Sie Erfolg haben.

Hier noch ein wichtiger Hinweis: Es geht nicht darum, dass Sie die Zahlen nicht wieder auftauchen lassen könnten, wenn Sie es wollten. Es geht vielmehr darum, die Zahlen aus Ihrer Wahrnehmung bewusst auszublenden. Nutzen Sie also die Kraft Ihrer Vorstellung und lassen Sie die Zahlen vor Ihrem geistigen Auge oder aus Ihrem Denken verschwinden. Dies führt automatisch zu einer Vertiefung der geistigen Entspannung und der Trance, auch wenn Sie sich dessen nicht bewusst sind.

Anwendung der Selbsthypnose-CD zur Angstbehandlung

Nachdem die wichtigsten Fragen zur Einleitung der Selbsthypnose beantwortet sind, werden sich auch kritische Menschen leichter auf die Selbsthypnose einlassen können, ohne sich ständig über das Wie und Warum den Kopf zu zerbrechen. Der nächste Schritt besteht nun darin, die Selbsthypnose mithilfe von Titel 2 der Begleit-CD mehrfach anzuwenden. Dieser unterstützt Sie dabei, die körperliche und geistige Entspannungsreaktion zu erlernen, mit dem Vorgehen vertraut zu werden und die hypnotische Trance zu etablieren und zu vertiefen. Sie werden wahrscheinlich auch feststellen, dass Sie mit der Zeit immer besser loslassen und entspannen können. Es zahlt sich aus, sich etwas mehr Zeit zu nehmen, um mit der Selbsthypnose vertraut zu werden. Es ist wie beim Erlernen des Autofahrens. Hier geben Sie sich am Anfang auch genügend Zeit, mit allem vertraut zu werden, bevor Sie losfahren, um ein bestimmtes Ziel zu erreichen, und dabei eventuell bei Nacht, Nebel oder Glatteis fahren.

Bei Ihren ersten Selbsthypnosen ist es hilfreich, diese an einem ungestörten Ort zu einer Zeit durchzuführen, in der Sie nicht durch andere Dinge abgelenkt werden. Nach und nach werden Sie in der Lage sein, die Selbsthypnose relativ unabhängig von äußeren Umständen erfolgreich durchzuführen, beispielsweise im Zug oder in der Straßenbahn.

Selbsthypnose

Falls Sie doch einmal die Selbsthypnose unterbrechen müssen, beenden Sie den Trancezustand, bevor Sie sich anderen wichtigen Dingen zuwenden. Dazu atmen Sie bitte zwei- oder dreimal tief ein und sagen sich mehrfach: „Ich bin vollkommen frisch und wach." Dann rekeln, recken und strecken Sie sich, als ob Sie aus einem tiefen Schlaf erwacht sind.

Eine häufig gestellte Frage ist, wie oft man die Selbsthypnose mithilfe des Titels 2 der Begleit-CD durchführen sollte, bevor man mit der Angstbehandlung mittels der Titel 3 und 4 beginnt. Nun, das ist individuell unterschiedlich. Für den einen reicht dreimal, andere wiederum werden Titel 2 deutlich öfter anwenden. Je mehr Entspannungserfahrung Sie haben, desto schneller werden Sie mit dem Entspannungsprozess der Selbsthypnose vertraut sein und desto eher können Sie mit der Angstbehandlung beginnen. Je mehr Sie also als Sportler, Meditierender, Anwender einer Entspannungsmethode oder als Tagträumer mit dem Entspannungszustand vertraut sind, desto früher können Sie beginnen.

Manchmal taucht in diesem Zusammenhang auch die Frage auf, wie viel Zeit zwischen den Selbsthypnosen liegen sollte. Hier gibt es keine feste Regel. Sie können und sollten das Lerntempo Ihren Bedürfnissen und zeitlichen Möglichkeiten anpassen. Sie können über den Tag verteilt mehrere Selbsthypnosen durchführen, gerne auch kurz hintereinander, jeweils durch eine Pause von wenigen Sekunden bis Minuten getrennt. Wichtig ist, dass Sie gelassen an die Aufgabe herangehen und sich nicht unter Zeit- oder Erfolgsdruck setzen.

Nachdem Sie sich nun mit der Selbsthypnose hinreichend vertraut gemacht haben sind Sie darauf vorbereitet die Selbsthypnose anzuwenden, um Ihre Ängste zu überwinden. Titel 3 und 4 der Begleit-CD machen es Ihnen sehr leicht, sofort zu beginnen. Titel 3 (die Symboltechnik) dient der mittel- und längerfristigen Programmierung Ihres Unterbewusstseins auf Angstfreiheit. Titel 4 (die Mantratechnik) hilft Ihnen, die Selbsthypnose kurzfristig anzuwenden, um auftretende Ängste in bestimmten Situationen zu lindern oder auch ganz zu vermeiden. Sie kann aber auch für die langfristige Programmierung eingesetzt werden.

Kapitel 2.5

Die Symboltechnik – Power-Programmierung der Meisterklasse (Begleit-CD, Titel 3)

Einführung

Die Symboltechnik ist eine wenig bekannte, aber sehr einfache und kraftvolle Methode, sich Suggestionen zu geben, um sich langfristig für die Überwindung von Ängsten und die Erreichung von anderen Zielen zu programmieren. Sie hat unter anderem den Vorteil, dass Sie Ihre Suggestionen nicht auswendig lernen müssen oder während der Hypnose nicht darüber nachzudenken brauchen, welche Suggestionen Sie sich geben wollen. Es ist auch nicht erforderlich, dass Sie Ihre Suggestionen aufnehmen, um sie beispielsweise über CD-Player, Computer, Handy oder MP3-Player abzuspielen. Die Symboltechnik ist auch für „Kopfmenschen" gut geeignet, weil diese Methode so angelegt ist, dass das Nachdenken über die Suggestionen erschwert und idealerweise ganz vermieden wird. Die Bewusstseinsaktivität wird auf ein Minimum reduziert, wodurch die Suggestionen besonders gut wirken. Ein weiterer Vorteil dieser Methode ist, dass Ihre Suggestionen immer Ihren aktuellen Bedürfnissen angepasst und Ihnen auf den Leib geschneidert sind wie ein mitwachsender Pullover. Bei der Anwendung dieser Methode werden Ihre Suggestionen auch dann erfolgreich wirken, wenn Sie während der Selbsthypnose einmal einschlafen, was ansonsten bei der Selbsthypnose eher vermieden werden sollte.

Schritte zur Anwendung der Symboltechnik

Schritt 1: Symbol auswählen
Als Erstes wählen Sie sich ein Ziel aus. Nehmen wir an, Sie möchten wieder angstfrei fliegen. Dann wählen Sie ein Symbol, das dieses Ziel repräsentiert. Dieses Symbol kann ein Wort, eine kurze Wortgruppe oder auch ein Bild sein. Als Wort könnten Sie beispielsweise „Flugzeug" oder „Freiheit" wählen, als Wortgruppe

Symboltechnik

beispielsweise „angstfrei fliegen". Als bildliches Symbol könnten Sie die Vorstellung oder das Bild eines Flugzeuges oder eines Vogels wählen oder jedes andere Symbol, das Sie an Ihr Ziel erinnert.

Schritt 2: Suggestionen erstellen
Schreiben Sie sich sieben bis 15 Suggestionen auf, mit denen Sie Ihr Unterbewusstsein auf das erreichte Ziel programmieren wollen. Wenn Sie den Empfehlungen im Buch gefolgt sind, haben Sie Ihre Suggestionen bereits erstellt und können gleich zum nächsten Schritt übergehen. Falls nicht, erstellen Sie bitte Ihre Suggestionen jetzt, bevor Sie weiterlesen.

Ich empfehle Ihnen, Ihre Suggestionen auf dem Computer zu schreiben und auszudrucken. Sie werden feststellen, dass Sie das Bedürfnis haben, Ihre Suggestionen im Laufe der Zeit immer weiter anzupassen. Die Änderungen vermerken Sie zunächst auf dem Ausdruck. Wenn Sie mehrere Änderungen auf dem Papier vorgenommen haben, übernehmen Sie diese in Ihre Textdatei und drucken diese erneut aus. Durch dieses Vorgehen stellen Sie mit geringstem Aufwand sicher, dass Sie zu jeder Zeit Suggestionen verwenden, die optimal auf Ihre Bedürfnisse und Ihr aktuelles Entwicklungsstadium zugeschnitten sind.

Diese Liste Ihrer Suggestionen ergänzen Sie nun wie folgt: Als ersten Satz vor Ihren Suggestionen und als letzten Satz nach Ihren Suggestionen fügen Sie ein: „Diese Suggestionen werden repräsentiert durch das Symbol ‚Flugzeug'." Anstelle des Wortes „Flugzeug" können Sie auch ein anderes Symbol einsetzen. Falls Sie zu einem späteren Zeitpunkt beispielsweise Prüfungsängste überwinden wollen, würden Sie sich eine zweite Liste mit Suggestionen schreiben und ein neues Symbol für dieses Ziel wählen, beispielsweise das Wort „Prüfungserfolg" oder einen Doktorhut als bildliches Symbol.

Drucken Sie bitte jetzt Ihre so vervollständigten Suggestionen aus. (Sie haben im Moment keinen Computer zur Hand? Nachfolgend finden Sie ein Arbeitsblatt, auf das Sie Ihre Suggestionen von Hand in die leeren Zeilen schreiben können. So haben Sie für jeden Fall eine Liste mit Suggestionen verfügbar.)

Symboltechnik

Meine Suggestionen
Erster Satz: Diese Suggestionen werden repräsentiert durch das Symbol ....
(zum Beispiel „Flugzeug").

-
-
-
-
-
-
-
-
-
-
-
-
-
-

Letzter Satz: Diese Suggestionen werden repräsentiert durch das Symbol ....
(zum Beispiel „Flugzeug").

Symboltechnik

Schritt 3: Suggestionen laut lesen
Lesen Sie *vor* Beginn der Selbsthypnose Ihre Suggestionen dreimal hintereinander laut und mit Betonung vor. (Wenn Sie nach einiger Zeit mit diesen Suggestionen vertraut sind, reicht es aus, diese nur noch zwei- oder einmal zu lesen.) Während Sie die Suggestionen lesen, stellen Sie sich das erreichte Ziel möglichst lebendig vor und versuchen Sie, die dazu passenden angenehmen Empfindungen in sich hervorzurufen.

Schritt 4: Selbsthypnose
Dann gehen Sie mithilfe von Titel 3 der Begleit-CD in die Selbsthypnose. An der Stelle, an der Sie dazu aufgefordert werden, sagen oder denken Sie Ihr Symbol, also beispielsweise das Wort „Flugzeug". In der nun folgenden Zeitspanne, in der nicht gesprochen wird, denken Sie nicht mehr an die Suggestionen. Sie verbleiben passiv in der Selbsthypnose und lassen Ihr Unterbewusstsein seine Arbeit tun. Sie können sich zum Beispiel eine angenehme Situation vorstellen, beispielsweise einen Strandspaziergang. Sie können Ihre Aufmerksamkeit aber auch auf eine angenehme Empfindung in Ihrem Körper richten, zum Beispiel auf ein Wärmegefühl in den Händen. Dies vermindert Ihre Bewusstseinsaktivität und das Nachdenken über die Suggestionen, wodurch diese besonders gut wirken.

Falls Sie keine CD zur Verfügung haben, gehen Sie selbstständig in die Selbsthypnose, sagen im Geiste Ihr Symbol und denken nun nicht mehr an Ihre Suggestionen, sondern richten Ihre Aufmerksamkeit für eine gewisse Zeit auf eine angenehme Vorstellung.

Das betonte Lesen der Suggestionen und die lebendige Vorstellung des erreichten Ziels vor Beginn der Selbsthypnose kann verglichen werden mit dem Beladen und Programmieren einer Rakete. Das Denken des Symbols entspricht dem Drücken des Startknopfes, wonach alles Weitere automatisch abläuft. Demzufolge müssen Sie das Symbol auch nur ein einziges Mal denken, denn es ist auch bei der Rakete nicht erforderlich, den Startknopf mehrfach zu drücken.

Falls Sie nach etwa drei Wochen noch keine spürbaren Fortschritte bemerken sollten, überarbeiten Sie Ihre Suggestionen und verwenden Sie mehr Wörter, die Aktionen und Gefühle beschreiben. Prüfen Sie auch, ob Sie Ihre Suggestionen mit genug Betonung und Gefühl lesen und ob Sie klare Vorstellungen von der erfolgreichen Problemlösung haben.

Kapitel 2.6

Mantratechnik zur längerfristigen Angstbehandlung
(Begleit-CD, Titel 4)

Während die zuvor beschriebene Symboltechnik der längerfristigen Programmierung des Unterbewusstseins zur Überwindung von Ängsten dient, kann die in diesem Abschnitt vorgestellte Methode sowohl zur kurzfristigen Angstbewältigung als auch zur längerfristigen Angstbehandlung angewendet werden.

Längerfristige Anwendung der Mantratechnik
Gerade bei spezifischen Ängsten hat es sich bewährt, das Ziel auf einen einzigen Satz „einzudampfen", der dann in der Selbsthypnose mehrfach wiederholt wird. Diese Methode wird „Mantratechnik" genannt. Wie bei der Mantra-Meditation wird ein einziger Inhalt mehrfach wiederholt. Hier ein paar Beispiele für Suggestionen, die in einem kurzen Satz das Ziel verdeutlichen:

- Bei Errötungsangst: „Wenn ich rot werden will, geht das Blut in die Beine."
- Bei Spinnenangst: „Spinnen sind ganz gleichgültig."
- Bei Prüfungsangst: „In Prüfungen bleibe ich ganz ruhig, gelassen und entspannt."

Diese Methode, sich Suggestionen zu geben, wird auch beim Autogenen Training verwendet und hat sich auch für die Überwindung von Ängsten seit vielen Jahrzehnten weltweit bei Hunderttausenden Menschen bewährt.

Vorgehen: Am einfachsten lassen Sie sich am Anfang wieder von der Begleit-CD (Titel 4) durch den Prozess der Selbsthypnoseeinleitung führen. An der Stelle, an der Sie dazu aufgefordert werden, sagen Sie in Gedanken einfach Ihre Suggestion etwa fünfmal hintereinander. Dann lenken Sie Ihre Gedanken wieder auf eine positive Vorstellung oder auf eine positive Wahrnehmung in Ihrem Körper. In der nachfolgenden Zeit, in der nicht gesprochen wird, lassen Sie Ihren Geist zu einer angenehmen Vorstellung, Erinnerung oder Körperwahrnehmung wandern, wodurch Ihre Suggestion noch tiefer ins Unterbewusstsein einsickern kann.

Mantratechnik

Falls Sie keine CD zur Verfügung haben, gehen Sie selbstständig in die Selbsthypnose und sagen dann im Geiste Ihre Suggestion. Danach richten Sie Ihre Aufmerksamkeit für eine gewisse Zeit auf eine angenehme Vorstellung.

Hinweis: Bitte zählen Sie nicht, wie oft Sie sich die Suggestionen geben. Dies würde die Bewusstseinsaktivität erhöhen und somit die Wirkung der Suggestionen vermindern. Drei bis sieben Wiederholungen sind optimal. Jeder Mensch kann sich drei bis sieben Suggestionen geben, ohne bewusst zählen zu müssen. Folgen Sie Ihrem Gefühl und lassen Sie Ihrem logischen Verstand die verdiente Pause.

Mantratechnik zur kurzfristigen Angstbekämpfung
Wie bereits erwähnt, ist die längerfristige Programmierung des Unterbewusstseins zur Überwindung von Ängsten nachdrücklich zu empfehlen, sodass in den bekannten Situationen erst gar keine Ängste auftauchen. Nun gibt es aber immer wieder Situationen im Leben, die für uns eine Herausforderung darstellen, weil sie uns auffordern, unsere Komfortzone zu verlassen, was häufig mit Unsicherheit und Angst verbunden ist. Gerade in solchen Situationen ist die kurzfristige Anwendung der Selbsthypnose sehr segensreich. So wird beispielsweise die Suggestion „Ich bin bei meinem Vortrag ganz ruhig, gelassen und entspannt" erheblich dazu beitragen, dass Sie sich viel lockerer und entspannter fühlen und diese Herausforderungssituation viel gelassener und sicherer bewältigen.

Wenn Sie zu einem Interview, zu einem Bewerbungsgespräch oder zu einem Vortrag eingeladen sind und keine Zeit haben, sich längerfristig darauf vorzubereiten, ist es gut möglich, dass Sie nicht nur aufgeregt sind und Symptome wie bei einer Prüfungsangst entwickeln, sondern auch, dass Sie geistig blockiert sind. In solch einer Situation empfiehlt sich die kurzfristige Anwendung der Selbsthypnose, in der Sie sich zwei oder drei der für Sie wichtigsten Suggestionen geben. Für Prüfungen, prüfungsähnliche Situationen oder Situationen, in denen Ihre professionelle Kompetenz gefragt ist, hat es sich bewährt, sich folgende drei Suggestionen zu geben:

- „Ich bin ganz ruhig, gelassen und entspannt."
- „Ich bin (absolut) sympathisch und liebenswert."
- „Ich bin (absolut) kompetent und professionell."

Das Vorgehen ist ähnlich wie bei der Mantramethode. Der Unterschied besteht lediglich darin, dass Sie sich nun nicht nur eine Suggestion etwa fünfmal geben, sondern danach in derselben Selbsthypnose auch die zweite und dann die dritte Suggestion fünfmal wiederholen.

Mantratechnik

Bitte erliegen Sie nicht der Versuchung, in solchen Herausforderungssituationen wesentlich mehr als drei Suggestionen zu verwenden. Weniger ist auch hier mehr. Ihr Unterbewusstsein weiß, was gemeint ist. Durch die Fokussierung auf das Wesentliche stellen Sie eine optimale Wirkung sicher.

Selbst wenn Sie nur wenige Minuten Zeit haben und die Selbsthypnose nur ein einziges Mal durchführen, werden Sie erstaunt sein, wie sehr sie Ihnen helfen wird. Am deutlichsten wird die Wirkung für Sie, wenn Sie im Nachhinein ein Video Ihres Vortrags, Ihres Interviews oder Ihrer Präsentation ansehen, denn dann werden Sie erstaunt feststellen, wie gelassen, entspannt, sympathisch und kompetent Sie in bestimmten Situationen gewesen sind, von denen Sie aus Erfahrung wissen, dass Sie sie ohne Selbsthypnose nicht so souverän bewältigt hätten. Wenn Sie also die Möglichkeit haben, Ihre Präsentation aufzuzeichnen, empfehle ich Ihnen, dies unbedingt zu tun. Dies wird Ihr Vertrauen in die Wirkung der kurzfristigen Anwendung der Selbsthypnose enorm stärken und Sie motivieren, diese noch häufiger für sich zu nutzen.

So beenden Sie die Selbsthypnose
Die Selbsthypnose beenden Sie wie bei der Anwendung der CD, indem Sie von eins bis fünf zählen und sich bei jeder Zahl Suggestionen des Erwachens, der Erholung und Frische etc. geben. Bei Bedarf können Sie sich zum Schluss auch rekeln, recken und strecken und tief Luft holen, als ob Sie morgens aus einem tiefen Schlaf erwachen. Dies setzt einen zusätzlichen Weckreiz und hilft, dass Sie wieder ganz frisch und wach sind. Mit einiger Übung reicht es für viele Menschen aus, von eins bis drei zu zählen, um aus jeder Tiefe wieder ins volle Wachbewusstsein zurückzugelangen und die Selbsthypnose sicher zu beenden.

Was Sie tun sollten, wenn Sie nach der Selbsthypnose einschlafen wollen
Wenn Sie die Selbsthypnose vor dem Einschlafen durchführen, beenden Sie diese nicht. Stattdessen bleiben Sie im Zustand der Entspannung und Trance und drehen sich in Ihre Einschlafposition. Wenn Sie die CD verwenden, ignorieren Sie die Instruktion zum Beenden der Selbsthypnose oder ersetzen Sie sie in Gedanken durch eine Suggestion wie: „Ich bleibe nun in der Selbsthypnose und gleite in einen ruhigen, tiefen und festen Schlaf."

Wie oft die Selbsthypnose durchgeführt werden sollte

Es empfiehlt sich, die Selbsthypnose zwei- bis dreimal täglich anzuwenden. Wenn Sie einmal keine Zeit haben, führen Sie wenigstens eine kurze Selbsthypnose durch, in der Sie sich mittels Mantratechnik Ihre Hauptsuggestion fünfmal geben.

Kapitel 2.7

Aufdeckende Selbsthypnose – die Notwendigkeit, die Wurzeln der Angst zu finden

*„Man muss vor nichts im Leben Angst haben,
wenn man seine Angst versteht."*
(Marie Curie)

Allgemeines

Mit den Ihnen nun zur Verfügung stehenden Möglichkeiten, die Selbsthypnose zur Überwindung von Ängsten einzusetzen, haben schon sehr viele Menschen Erfolge erzielt. Es gibt jedoch auch Ängste, die nicht durch die Anwendung von Suggestionen und durch Umprogrammierung des Unterbewusstseins aufgelöst werden können. Dies ist vor allem dann der Fall, wenn die Ängste das Symptom tiefer liegender, unverarbeiteter Probleme, Konflikte und Erlebnisse in der Vergangenheit sind. Die daraus resultierenden, stark unangenehmen Gefühle wurden häufig verdrängt und sind daher nicht mehr bewusst.

Das Unterbewusstsein ist an der Entstehung von Ängsten beteiligt, es kann aber auch bei der Überwindung von Ängsten behilflich sein. Das Wissen über den Hintergrund und die Zusammenhänge der Angstentstehung ist im Unterbewusstsein vorhanden und dem bewussten Verstand in aller Regel nicht zugänglich. Deshalb ist es in diesen Fällen erforderlich, sich die zugrunde liegenden Konflikte bewusst zu machen und zu lösen und die unverdauten Situationen zu verarbeiten.

Das Aufdecken und Bearbeiten der verborgenen Ursachen ist gerade bei hartnäckigen und tief sitzenden Ängsten die wirksamste und vielversprechendste Behandlungsmethode. In Zusammenarbeit mit einem Therapeuten ist dies bei Anwendung der Hypnoanalyse durchaus in ein bis zwei intensiven Sitzungen möglich. Aber auch die Selbsthypnose bietet verschiedene Wege, dieses Ziel zu erreichen. Hier handelt es sich jedoch um eine fortgeschrittene Anwendung der

Aufdeckende Selbsthypnose

Selbsthypnose. Deshalb ist es in aller Regel erforderlich, bereits längere Zeit mit ihr vertraut zu sein.

Manchmal geschieht das Bewusstwerden der Ursachen auch spontan und teilweise schon nach kurzer Anwendung der Selbsthypnose. Teilnehmer meiner Wochenseminare (bei denen Geschäftsleute berufliche Erfolgsblockaden überwinden) berichten immer wieder, dass ihnen die Ursache ihrer Ängste und Probleme spontan in der Selbsthypnose oder nachts in Träumen in Form von Erinnerungen, Bildern oder Einsichten bewusst geworden sind. In aller Regel ist jedoch ein systematisches Vorgehen erforderlich. Dies trifft insbesondere dann zu, wenn die Ursachen nicht dicht an der Oberfläche liegen. Den verschiedenen aufdeckenden Methoden ist gemeinsam, dass man dem Unterbewusstsein in der Selbsthypnose den Auftrag gibt, die Ursachen bewusst werden zu lassen.

So erkennen Sie die Ursachen Ihrer Ängste während der Selbsthypnose

Neben der Möglichkeit, die nächtlichen Träume zu nutzen, können Sie die Ur-sachen Ihrer Ängste auch unmittelbar während einer Selbsthypnose bewusst werden lassen. Dazu suggerieren Sie sich, dass die Ursache vor Ihrem geistigen Auge auftaucht. Die folgenden Suggestionen haben sich dafür bewährt:

„Vor meinem inneren Auge entwickelt sich ein Bild, ein Bild aus der Zeit, als meine Ängste begannen."
(Dreimal wiederholen.)

„Das Bild wird immer deutlicher."
(Dreimal wiederholen.)

„Das Bild steht klar vor mir und ich beobachte, was geschieht."
(Dreimal wiederholen.)

Oder:

*„Vor meinem inneren Auge entwickelt sich ein Bild.
Das Bild zeigt mir die Ursache meiner Angst."*
(Dreimal wiederholen.)

„Das Bild wird immer deutlicher."
(Dreimal wiederholen.)

Aufdeckende Selbsthypnose

„Das Bild steht klar vor mir und ich beobachte, was geschieht."
(Dreimal wiederholen.)

Nachdem Sie die auftauchenden Szenen beobachtet haben, geben Sie sich folgende Suggestionen:

„Das Bild zieht sich allmählich zurück."
(Dreimal wiederholen.)

„Das Bild ist verschwunden."
(Ein- bis dreimal wiederholen.)

Damit Sie mit dieser Methode Erfolg haben, ist es wichtig, dass Sie in der Lage sind, Bilder vor Ihrem geistigen Auge auftauchen zu lassen. Wenn Sie Schwierigkeiten haben, sich Dinge bildlich vorzustellen, dann können Sie die nachfolgende Methode verwenden, um Bilder im Traum erscheinen zu lassen. Denn im Traum hat jeder Mensch Bilder und jeder Mensch träumt, auch wenn er sich dessen nicht bewusst ist, weil er sich nicht an die Träume erinnern kann.

Das Unterbewusstsein kommuniziert gern über Bilder, aber es kann Informationen auch anders mitteilen, beispielsweise dergestalt, dass Sie plötzlich Einsichten gewinnen oder tiefere Zusammenhänge erkennen, sodass Ihnen die Ursachen Ihrer Ängste auf diese Weise bewusst werden.

So lassen Sie die Ursachen Ihrer Ängste im Traum auftauchen

Um sich die vergessenen oder verdrängten Ursachen Ihrer Ängste mithilfe von Träumen bewusst zu machen, geben Sie sich folgende Suggestion: „Innerhalb der nächsten sieben Nächte habe ich einen Traum. Dieser Traum zeigt mir die Ursache meiner Angst. Wenn ich erwache, kann ich mich an diesen Traum klar und deutlich erinnern." Wenn Sie sich nach der ersten Nacht an keinen dementsprechenden Traum erinnern können, geben Sie sich am nächsten Abend folgende Suggestion: „Innerhalb der nächsten sechs Nächte habe ich einen Traum. Dieser Traum zeigt mir die Ursache meiner Angst. Wenn ich erwache, kann ich mich an diesen Traum klar und deutlich erinnern."

Diese Suggestion wiederholen Sie über den Zeitraum von einer Woche so lange, bis die gewünschte Information im Traum aufgetaucht ist. Das Vorgeben eines längeren Zeitraumes hat den Vorteil, dass Sie sich weniger unter Erfolgsdruck setzen. Darüber hinaus geben Sie Ihrem Unterbewusstsein mehr Zeit, die gewünschten Informationen aus der Tiefe des Unterbewusstseins in das Bewusstsein aufsteigen zu lassen.

Aufdeckende Selbsthypnose

Wenn Sie sich morgens an einen Traum erinnern, empfiehlt es sich, diesen sofort aufzuschreiben, noch bevor Sie irgendetwas anderes tun. Sie sollten deshalb immer Papier und Stift griffbereit haben, sodass Sie unmittelbar nach dem Erwachen mit dem Schreiben beginnen können. Weil Traumerinnerungen sehr flüchtig sind, besteht die Gefahr, dass selbst geringste Ablenkungen und Bewegungen bewirken, dass der Traum wieder in der Dunkelheit des Vergessens versinkt

Wann die Kenntnis der Ursachen ausreicht, um eine Angst zu überwinden
Bei spezifischen Phobien reicht es oft aus, die Ursache der Angst zu erkennen und zu verstehen, warum man zum Beispiel beim Anblick einer Brücke mit Panik reagiert hat, um den Automatismus der Angstentstehung zu durchbrechen. Gegebenenfalls muss dies durch die Suggestion unterstützt werden, dass diese Angst nun aufgelöst ist, um eine vollständige Befreiung von dieser zu erreichen.

Wann die Kenntnis der Ursachen nicht ausreicht, um die Ängste zu besiegen
In anderen Fällen kann es sein, dass das Bewusstmachen der Ursache eines Problems nicht ausreicht, die Ängste zu überwinden. So kennt ein traumatisierter Mensch oft ganz genau die Ursache seiner Ängste, Albträume, Schlafstörungen, Flashbacks und psychosomatischen Beschwerden, aber dieses Wissen allein ändert nichts. Traumatisierte Patienten berichten auch oft, dass eine rein gesprächsorientierte Therapie ihr Leiden eher noch verstärkt hat, weil in den Gesprächen das Trauma und die damit verbundenen Gefühle, Ängste und körperlichen Reaktionen wieder aufgewühlt und die alten Wunden aufgerissen wurden, ohne sie zu heilen. Deshalb ist es in aller Regel erforderlich, dass neben der Gewinnung der bewussten Einsicht auch das unterbewusste Verständnis korrigiert sowie die im Unterbewusstsein verankerten belastenden und einschränkenden Gefühle, Überzeugungen und Glaubenssätze aufgelöst werden.

Vorgehen bei komplexen Ängsten
Insbesondere bei komplexen Ängsten ist es möglich, dass es nicht nur eine, sondern mehrere zugrunde liegende Ursachen gibt. In diesem Fall ist es erforderlich, auch die anderen unverarbeiteten Situationen zu erkennen. Dazu wiederholen Sie das beschriebene Vorgehen, bis Sie alle wichtigen Ursachen Ihrer Ängste gefunden und gelöst haben.

Eine bewährte Methode, traumatische Erfahrungen zu heilen
Eine tausendfach bewährte Methode, traumatische Erfahrungen vollständig zu heilen, besteht darin, diese in Hypnose oder Selbsthypnose mehrfach zu durchleben, bis alle belastenden Gefühle und die damit verbundenen körperlichen Symptome vollständig abreagiert und abgeklungen sind. Mit jeder Wieder-

holung werden die anfänglich starken Gefühle und Körperempfindungen schwächer, bis man am Ende in der Lage ist, sich die zuvor traumatische Erinnerung ins Bewusstsein zu rufen, ohne belastende Gefühle oder Symptome zu erleben.

Prinzipiell kann man davon ausgehen, dass bei den meisten Menschen die inneren Schutzmechanismen intakt sind, sodass Ihnen nur Traumatisierungen bewusst werden, die sie auch bewältigen können. Wenn Sie jede auch noch so kleine Chance ausschließen wollen, dass Sie ein zu bearbeitendes Trauma nicht allein bewältigen können, dann bitten Sie eine Vertrauensperson, während der Selbsthypnose anwesend zu sein. Ein Eingreifen durch diese sollte, wenn überhaupt, nur extrem selten erforderlich sein. Instruieren Sie Ihre Begleitung, nicht einzugreifen, wenn Sie starke Gefühle zeigen, da das Durchleben und Abreagieren dieser Emotionen ja das erklärte Ziel der Sitzung ist. Sie können jedoch ein Signal vereinbaren, beispielsweise das Heben der rechten Hand oder des rechten Armes, worauf Ihnen Ihre Vertrauensperson Unterstützung gibt. Alles, was sie in dem unwahrscheinlichen Fall der Hilfeleistung tun muss, ist, Ihnen die Hand auf die Schulter zu legen und mehrfach zu wiederholen: „Die Szene verschwindet und du achtest auf deine Atmung." Dies bewirkt, dass Sie aus der Szene aussteigen und wieder in der aktuellen Situation „verankert" werden, worauf die aufgewühlten Emotionen vollständig abklingen.

Die hier beschriebene Methode hat sich nicht nur im Rahmen der Hypnosetherapie bewährt, sondern auch bei der Anwendung im Rahmen der Selbsthypnose. Im Zusammenhang mit der Hypnoanalyse im Rahmen der Arbeit mit einem Therapeuten ist es jedoch möglich, ein Trauma sehr viel leichter zu heilen, ohne dass sich der Patient einer „Rosskur" unterziehen muss.

Wenn Ihnen die Ursachen Ihrer Ängste bewusst geworden und die zugrunde liegenden belastenden Ereignisse und Konflikte bearbeitet sowie die Traumatisierungen überwunden sind, lösen sich die daraus resultierenden Ängste und Beschwerden in aller Regel auf. Gegebenenfalls muss dies durch entsprechende Suggestionen unterstützt werden.

Was Sie tun können, wenn die Ursache der Angst nicht auftaucht
Bei manchen Menschen tauchen weder während der Selbsthypnose noch im Schlaf Erinnerungen auf, die die Ursachen der Ängste preisgeben. Dies kann daran liegen, dass das Unterbewusstsein glaubt, dass es in Ihrem eigenen Interesse ist, diese Ursachen nicht zu erfahren. Es kann der Auffassung sein, dass die Erfahrungen so belastend sind, dass sie nur in therapeutischer Begleitung bewusst gemacht werden dürfen. In diesem Fall werden Ihre Suggestionen, die das Auftauchen der

Aufdeckende Selbsthypnose

Ursachen bewirken sollen, nicht die gewünschten Ergebnisse liefern. Es gibt auch andere Gründe, die verhindern, dass die Themen, die den Ängsten zugrunde liegen, nicht mithilfe der Selbsthypnose bewusst gemacht werden können. Auch in diesen Fällen empfiehlt es sich, die Hilfe eines Therapeuten in Anspruch zu nehmen.

Gerade wenn es sich um tief verdrängte Ursachen handelt, ist in vielen Fällen die Hilfe von fachlicher Seite sinnvoll. Die aufdeckende Hypnosetherapie bietet Möglichkeiten, mit der Genauigkeit eines Präzisionschirurgen in kürzester Zeit die emotionale Ursache eines Problems zu erkennen und zu lösen. Mehr Informationen zur Hypnoanalyse finden Sie auf der Webseite zum Buch (www.niewiederangst.com).

Die vertiefende Auseinandersetzung mit der Selbsthypnose bietet aber auch in hartnäckigeren Fällen die Möglichkeit, ans Ziel zu kommen. So ist es möglich, dem Unterbewusstsein Fragen zu stellen, die es mit Ja und Nein beantworten kann. Diese Antworten können mithilfe von automatischen Fingersignalen (ideomotorischen Signalen) oder auch mithilfe eines Pendels sichtbar gemacht werden, die als „Sprachrohr" Ihres Unterbewusstseins dienen. Die Beschreibung dieser Methoden würde jedoch den Rahmen dieses Buches sprengen, der darin besteht, Ihnen einfach anzuwendende Methoden zur Angstbewältigung an die Hand zu geben. Die erwähnten Methoden sind jedoch sehr nützlich und hilfreich und werden beispielsweise in dem von mir geplanten Buch zur Selbsthypnose ausführlich beschrieben.

Was Sie sonst noch tun können, um Ihre Ängste doch noch zu besiegen

Eine bewährte Möglichkeit, mit den Ihnen nun zur Verfügung stehenden Werkzeugen auch in schwierigeren Fällen Erfolg zu haben, besteht darin, die Selbsthypnose mit der Klopfbehandlung zu kombinieren. Bei der Anwendung der Klopftechnik kann immer wieder beobachtet werden, dass Erinnerungen wie die Schalen einer Zwiebel Schicht für Schicht auftauchen. Auch das Lösen eines bewusst gewordenen Traumas kann mittels Klopftechnik in hervorragender Weise geschehen, denn diese hat sich insbesondere in der Traumatherapie bewährt. Die gemeinsame Anwendung von Hypnose und Klopfbehandlung hat häufig auch dann zu guten Ergebnissen geführt, wenn die alleinige Anwendung einer dieser Methoden nicht ausreichend war.

Aufdeckende Selbsthypnose

An wie vielen Ängsten sollten Sie gleichzeitig arbeiten?
Wenn Sie erst einmal bemerkt haben, wie sehr Ihnen die Selbsthypnose hilft, Ihre Ängste zu überwinden, dann könnten Sie versucht sein, an mehreren Zielen gleichzeitig zu arbeiten. Es empfiehlt sich jedoch nachdrücklich, dieser Verlockung zu widerstehen und eine Angst NACH der anderen anzugehen.

Was tun bei störenden Gedanken?
Es kommt immer wieder vor, dass während der Selbsthypnose störende Alltagsgedanken auftauchen. Wenn Sie versuchen, diese Gedanken mit Willensanstrengung zu unterdrücken, würde das wieder Ihre Bewusstseinsaktivität steigern und somit die Wirkung der Selbsthypnose mindern. Was können Sie also tun?

Eine bewährte Methode besteht darin, sich vorzustellen, dass die Gedanken wie Wolken am Himmel sind. Diese dürfen vorhanden sein, aber Sie richten Ihre Aufmerksamkeit nicht darauf. Sie lassen diese Gedankenwolken einfach kommen und wieder davonziehen, sobald Sie sie bemerkt haben. Mit dieser Geisteshaltung werden die Gedanken am wenigsten stören.

Viele Anwender der Selbsthypnose machen die Erfahrung, dass durch die regelmäßige Anwendung der Selbsthypnose nicht nur der Körper immer tiefer entspannt, sondern dass auch die Gedanken immer mehr zur Ruhe kommen. Bei erfahrenen Anwendern treten während der Selbsthypnose immer häufiger Zeitspannen auf, in denen der Verstand für eine Zeit lang vollständig zur Ruhe kommt. Es ist also wahrscheinlich, dass die störenden Gedanken nach einigen Monaten (oder bei Kopfmenschen nach einer deutlich längeren Zeit) der regelmäßigen Anwendung der Selbsthypnose von allein weniger werden. Es gibt Patienten, die mir berichtet haben, dass sie durch die Selbsthypnose zum ersten Mal in ihrem Leben erlebt haben, dass ihre Gedanken vollkommen zur Ruhe gekommen sind und sie an nichts mehr denken mussten. Dies ist für Ihren Erfolg hilfreich, aber nicht zwingend erforderlich. Lassen Sie Ihre Gedankenwolken ziehen und Ihren Kopf zur Ruhe kommen, so gut es geht. Dann werden Sie den für Sie bestmöglichen Erfolg erzielen.

So vervielfachen Sie Ihren Berufs- und Lebenserfolg
Bereits die kurzfristige Anwendung der Selbsthypnose wird Ihr Selbstvertrauen und Ihre Selbstsicherheit stärken, weil Sie sich mit einiger Erfahrung immer sicherer fühlen, sich den Herausforderungen des Lebens zu stellen. Dies allein wird für Ihr persönliches und berufliches Fortkommen von unschätzbarem Wert sein. Wenn Sie darüber hinaus die Selbsthypnose mittels Symboltechnik nutzen, um sich kontinuierlich auf beruflichen Erfolg zu programmieren, werden Sie in

Aufdeckende Selbsthypnose

den nächsten Jahren wahrscheinlich in einer Weise durchstarten, wie Sie es zuvor nicht für möglich gehalten haben, denn Sie werden nach und nach Ihre Ziele nach oben anpassen und immer höherschrauben.

Veränderungsprozesse benötigen Zeit, um sich zu entfalten. Es ist wie mit den Zinseszinsen. Wenn Sie vom Sparbuch mit einem Prozent Zinsen auf eine Anlageform mit zehn Prozent Zinsen wechseln, werden Sie in den ersten Wochen und Monaten nur einen geringen Unterschied bemerken. Über Jahre hinweg werden die Erfolgszinsen, die Sie mithilfe der Selbsthypnose einfahren werden, jedoch ein Vielfaches von dem betragen, was Sie mit der „Sparbuchmethode" der reinen Willensanstrengung erreicht hätten. So wird es möglich, dass Sie bei kontinuierlicher Anwendung der Selbsthypnose über Jahre hinweg Ziele erreichen, die Ihnen aus heutiger Sicht unerreichbar erscheinen. Sie gelangen nicht nur an den Horizont Ihrer Ziele, Sie erreichen ihn auch viel schneller. Wenn Ihre einstigen Ziele Realität geworden sind, eröffnet sich Ihnen ein neuer Horizont und danach wieder ein neuer.

Was tun, wenn die Selbsthypnose nicht oder scheinbar nicht funktioniert?
Es gibt immer wieder Menschen, die unsicher sind, ob die Selbsthypnose bei ihnen auch „wirklich" funktioniert. In aller Regel ist das bei Menschen der Fall, denen es schwerfällt, loszulassen und sich fallen zu lassen, die sehr kritisch sind und die ein Bedürfnis nach Kontrolle haben (siehe weiter oben in diesem Kapitel: „Die beiden größten Saboteure der Selbsthypnose"). Auch diese Menschen erzielen häufig positive Veränderungen in ihrem Leben, wenn sie die Selbsthypnose über einen längeren Zeitraum regelmäßig anwenden. Doch selbst wenn die erreichten Ergebnisse offensichtlich zeigen, dass die Selbsthypnose gewirkt hat, können diese Menschen es nicht glauben, denn sie suchen nach „handfesten" Beweisen.

Ich selbst bin keine Ausnahme. Auch ich habe die Selbsthypnose einige Jahre lang einstauben lassen, weil ich glaubte, sie „nicht gut genug" zu beherrschen. Erst als ich bei meinen Hypnosepatienten immer wieder erstaunliche Veränderungen beobachten konnte und mir bewusst in Erinnerung rief, was ich mithilfe der Selbsthypnose bereits alles erreicht habe, holte ich diese wieder aus der Mottenkiste hervor.

Als Student habe ich beispielsweise in relativ kurzer Zeit eine Errötungsangst überwunden. Sie verschwand heimlich, still und leise, ohne dass ich mir dessen bewusst geworden war. Neben anderen für mich wichtigen Dingen gelang es mir ebenfalls relativ einfach, einen charakteristischen Teil meiner Persönlichkeit in positiver Weise zu verändern. Seit meiner Kindheit galt ich als unruhig, quirlig und „nervös" und konnte „nie still sitzen". Als Student gab ich mir dann die Suggestion:

Aufdeckende Selbsthypnose

„Ich strahle Ruhe aus." Einige Zeit später traf es mich wie ein Baseballschläger zwischen die Augen, als mir eine Mitstudentin sagte: „Norbert, du strahlst aber Ruhe aus." In diesem Moment wurde mir bewusst, welche Kraft hypnotische Suggestionen entfalten können.

Trotz offensichtlicher Erfolge behielt mein kritischer Verstand dennoch die Oberhand, indem er mir immer wieder einredete, dass ich die Selbsthypnose nicht gut genug beherrsche. Das Ergebnis war, dass ich die Selbsthypnose nicht mehr anwendete und erst Jahre später wieder zu nutzen begann, indem ich mir erneut die Erfolge aufschrieb, die ich mithilfe der Selbsthypnose erreicht hatte. Erst dadurch wurde mir wieder bewusst, welches Gold ich ungenutzt in meinen Händen hielt. Seit dieser Zeit ist die Selbsthypnose aus meinem Leben nicht mehr wegzudenken. Ich setze sie täglich ein und führe viele positive Veränderungen in Bezug auf meine Gesundheit, meine Lebenszufriedenheit und auch meine berufliche Entwicklung in hohem Maße auf die Selbsthypnose (und auf die Klopftechnik) zurück.

Falls auch Sie zu den kritischen Menschen gehören, die unbedingt „handfeste" Beweise schon während der Selbsthypnose benötigen, oder wenn die Selbsthypnose bei Ihnen partout nicht funktionieren will, dann lassen Sie sich von einem Hypnosetherapeuten die Selbsthypnose mittels eines Codewortes verankern und einen Test etablieren, der Ihnen unzweifelhaft anzeigt, dass Sie sich bereits nach wenigen Sekunden in einem wirksamen Hypnosezustand befinden, in dem Ihre Suggestionen auch wirklich vom Unterbewusstsein angenommen und ausgeführt werden. Dieser Test überzeugt selbst den kopflastigsten Kritiker und eröffnet ihm damit den Weg in die Selbsthypnose. Bei einem versierten Hypnosetherapeuten können die meisten Menschen die Selbsthypnose in einer einzigen Sitzung erlernen, selbst wenn eigene Versuche erfolglos blieben. Sie beherrschen nach dem Verankern sofort eine schnelle, effektive und wirksame Selbsthypnose, ohne Wochen, Monate oder gar Jahre üben zu müssen. Das Tempo der Hypnoseeinleitung, das Sie bereits unmittelbar nach der Verankerung beherrschen (Selbsthypnose in ein bis drei Sekunden), erreichen viele Autodidakten auch nach Jahren nicht.

An dieser Stelle möchte ich darauf hinweisen, dass ein Hypnose-Codewort und auch ein Test, der Ihnen die Wirksamkeit der Selbsthypnose beweist, für den Erfolg überhaupt nicht notwendig sind. Für kopflastige und überkritische Menschen können diese den Weg in die Selbsthypnose jedoch erheblich erleichtern oder überhaupt erst ermöglichen.

Aufdeckende Selbsthypnose

Blinde Flecken hinsichtlich der eigenen Fortschritte und Erfolge und was Sie tun können
Viele Therapeuten kennen das Phänomen, dass selbst gravierende positive Veränderungen von ihren Patienten nicht wahrgenommen werden. Das scheint in der Natur des Menschen zu liegen. Wenn von zehn Mückenstichen acht aufgehört haben zu jucken, merkt man es gar nicht, da man sich auf die beiden juckenden Stiche konzentriert. Bei einer schneeweißen Weste schauen die meisten Menschen auch nicht auf die 99,9 Prozent makellos weißen Stoff, sondern auf den einen kleinen sichtbaren Fleck.

Auch die Erfahrung mit meinen Patienten zeigt, dass deren Urteil, zum Beispiel dass die im Seminar gelernte Selbsthypnose nicht funktioniere, objektiv oft nicht zutreffend ist. Die Anwendung der Selbsthypnose hatte bei ihnen bereits zu entscheidenden Veränderungen geführt, die von den Betroffenen aber nicht wahrgenommen oder einfach ignoriert wurden. Im Gespräch stellt sich dann meistens heraus, dass diese Patienten trotz umfassender vorheriger Aufklärung unrealistische Vorstellungen hatten, wie Selbsthypnose sich anfühlt, sodass sie trotz ihres Erfolges überzeugt waren, dass die Selbsthypnose bei ihnen nicht gewirkt hätte.

Es ist, als ob man einen Zauberstab schwingt und einen sprühenden Funkenregen erwartet, aber nichts ist zu sehen. Die eigentliche „Magie" der Selbsthypnose liegt aber nicht in dem „Funkenregen" außergewöhnlicher Empfindungen während des Trancezustandes, sondern in der stillen Wirkung, die selbst dann eintritt, wenn man das Gefühl hat, dass nichts passiert.

Wenn auch Sie das Gefühl haben, dass die Selbsthypnose bei Ihnen nicht oder nicht gut genug funktioniert, weil Sie keinen „Funkenregen" wahrnehmen, kann es sein, dass Sie sich von Ihrem kritischen Verstand täuschen lassen. Wiederholen Sie nicht den Fehler, den ich und viele andere Anwender der Selbsthypnose gemacht haben. Bleiben Sie stattdessen am Ball und geben Sie sich die Chance, Ihren kritischen Verstand langfristig zu überzeugen. Lesen Sie am besten noch einmal das obige Kapitel „Die beiden größten Saboteure der Selbsthypnose". Was über den Erfolg der Selbsthypnose entscheidet, sind nicht besondere Wahrnehmungen während der Selbsthypnose, sondern die sich mit der Zeit leise einstellenden positiven Veränderungen in Ihrem Leben.

Um sich ein realeres Bild von Ihren Fortschritten zu machen, empfiehlt es sich, ein „Erfolgsjournal" zu führen. Dies könnte zum Beispiel ein kleines Notizheft oder eine Word-Datei sein, in die Sie jeden kleinen Erfolg und jeden kleinen Fortschritt eintragen. Dieses Erfolgsjournal sollten Sie regelmäßig lesen. Das wird helfen,

Ihren inneren Kritiker davon zu überzeugen, dass Sie wirklich auf dem richtigen Weg sind und dass Sie die Selbsthypnose weiter anwenden sollten.

Vertiefung der Selbsthypnose

Das Erlernen der Selbsthypnose setzt deren regelmäßige Anwendung voraus. Dies ist auch die beste Methode, die Selbsthypnose mit der Zeit immer weiter zu vertiefen und deren Wirkung zu erhöhen.

Eine gute Methode, die Selbsthypnose bereits während einer Sitzung weiter zu vertiefen, besteht darin, von zehn an rückwärts bis eins zu zählen und in Gedanken nacheinander jede Zahl mit Kreide auf eine schwarze Tafel zu schreiben und sie danach gleich wieder abzuwischen. Bei jeder Zahl, die Sie von der Tafel wischen, geben Sie sich die Suggestion „tiefer". Sie können sich auch vorstellen, eine Treppe hinunterzugehen, verbunden mit der Suggestion: „Mit jedem Schritt gehe ich tiefer und tiefer in die Entspannung." Sie können in Ihrer Vorstellung auch eine Rolltreppe oder einen Fahrstuhl benutzen oder einen Weg hinunter in ein wunderschönes Tal wandern.

Darüber hinaus können Sie sich am Ende jeder Selbsthypnose folgende Suggestion geben: „Mit jedem Mal gehe ich immer schneller und tiefer in die hypnotische Entspannung als zuvor und alle Geräusche vertiefen die Hypnose." Diese Suggestion brauchen Sie nicht zu wiederholen.

Eine sehr einfache Möglichkeit, tiefere Selbsthypnosen zu erreichen, bietet die Begleit-CD zum Buch. Dadurch, dass Sie mit ihrer Hilfe in eine tiefere Entspannung und einen tieferen Trancezustand gelangen, wird dieser tiefere Trancezustand mit der Zeit als „Standard" abgespeichert, sodass Sie später auch ohne diese CD in einen tieferen und wirksameren Selbsthypnosezustand gelangen.

Die drei wichtigsten Geheimnisse für den Erfolg der Selbsthypnose

Abschließend will ich Ihnen noch die drei wichtigsten Dinge verraten, die für den Erfolg der Selbsthypnose entscheidend sind. Man sagt, die drei wichtigsten Dinge, die den Wert einer Immobilie bestimmen, seien erstens die Lage, zweitens die Lage und drittens die Lage. Die drei für den Erfolg der Selbsthypnose wichtigsten Dinge sind erstens die regelmäßige Anwendung, zweitens die regelmäßige Anwendung und drittens – Sie ahnen es – die regelmäßige Anwendung. Ich kann Ihnen die Medizin nur verschreiben, einnehmen müssen Sie sie selbst.

Aufdeckende Selbsthypnose

Weitere Hinweise, Tipps und Tricks zur Anwendungen der Selbsthypnose sowie zur Angst und Angstbehandlung finden Sie auf der Webseite zum Buch: www.niewiederangst.com. Dort gibt es auch zahlreiche Videos, die Ihnen helfen, das Wesen der Hypnose besser zu verstehen und somit auch die Selbsthypnose erfolgreicher für sich anzuwenden.

Kapitel 3

Wichtige Dinge, die Sie wissen sollten

Kapitel 3.1

Warum zuverlässige Heilmethoden manchmal nicht wirken – die wichtigsten inneren und äußeren Saboteure des Therapieerfolges

Jeder Arzt und jeder Therapeut ist mit der Erfahrung konfrontiert, dass bei manchen Patienten zuverlässig wirkende Behandlungsmethoden nicht die zu erwartenden Früchte tragen. Dies betrifft nicht nur die Angstbehandlung, sondern die Behandlung aller psychischen und körperlichen Beschwerden und Erkrankungen. Dafür kann es verschiedene Ursachen geben. Die wichtigsten, die einzeln oder auch in Verbindung miteinander auftreten können, sind:

- Chronifizierung
- sekundärer Krankheitsgewinn
- aufrechterhaltende Lebensumstände

Warum Heilmethoden manchmal nicht wirken

Chronifizierung

Eine chronifizierte (Angst-)Erkrankung kann verglichen werden mit einer festgerosteten Wippe. Sie zeigt einen inneren Widerstand gegen die gewünschte Veränderung. Das hat unter anderem auch damit zu tun, dass sich mit der Schwere und Dauer der Erkrankung Persönlichkeitsmerkmale und Persönlichkeitsstrukturen der Patienten verändern. Krankhaftes Fühlen, krankhaftes Denken, krankhafte Überzeugungen, Gewohnheiten und Verhaltensmuster und auch krankhafte Reaktionen des Körpers schleifen sich immer tiefer ein und werden damit immer schwerer korrigierbar. Chronifizierung bedeutet somit, dass sich eine Erkrankung von innen heraus verfestigt und der Heilung einen inneren Widerstand entgegensetzt. Bei körperlichen Erkrankungen kann hinzukommen, dass sich rein funktionelle Störungen nach einer gewissen Zeit auch organisch manifestieren. Eine psychisch bedingte körperliche Fehlhaltung bewirkt beispielsweise Fehlbelastungen der Gelenke und der Wirbelsäule, die letztendlich zu unumkehrbaren organischen Veränderungen führen.

Bleiben wir aber bei den psychischen Aspekten der Chronifizierung. Wenn ein Mensch über viele Jahre mit einer chronischen Erkrankung lebt, richtet er sein Leben darauf ein. Er empfindet die Krankheit immer mehr als zu sich gehörig. Der Zustand der Angstfreiheit wird ihm immer fremder und der der Gesundheit ist ihm immer weniger vertraut. Für manche Menschen ist die Krankheit zum einzigen Lebensinhalt geworden und Denken, Fühlen und Handeln drehen sich nur noch um das Kranksein. Wir alle haben schon Menschen kennengelernt, die über nichts anderes reden als über ihre Krankheit. Das kann so weit gehen, dass die Krankheit zur Identität und zum Lebensinhalt dieser Menschen wird. Auch wenn sie bewusst gesund werden wollen, unbewusst haben diese Patienten Angst, die eigene Identität zu verlieren, und sie halten die Krankheit daher fest. Die Angst wird sozusagen durch eine gewachsene und verfestigte innere psychische Struktur aufrechterhalten.

Bei einer Chronifizierung sind dementsprechend zusätzliche therapeutische Maßnahmen erforderlich, um den gewünschten Therapieerfolg zu erreichen. Nicht immer sind die Bemühungen von Erfolg gekrönt.

Warum Heilmethoden manchmal nicht wirken

Sekundärer Krankheitsgewinn

Bei manchen Patienten ist man sich als Therapeut aufgrund seiner Erfahrung ziemlich sicher, alle wichtigen Ursachen der Angst behandelt und auch aufrechterhaltende Lebensumstände (siehe unten) mit einiger Sicherheit ausgeschlossen zu haben. Dennoch bleiben die Ängste (oder auch andere psychische und körperliche Erkrankungen) unverändert bestehen oder sie kehren nach anfänglichen Erfolgen immer wieder zurück. Die Ursache dafür kann in einem sekundären Krankheitsgewinn bestehen. Der sekundäre Gewinn, der mit der Krankheit verbunden ist, ist stärker als das Leiden, das aus der Erkrankung resultiert.

Hier ein Beispiel: Frau S. litt an einer starken Agoraphobie und war über viele Jahre nicht in der Lage, die Wohnung ohne Begleitung zu verlassen. Nach Behandlung der Ursachen trat der zu erwartende Therapieerfolg nicht ein. Es stellte sich heraus, dass die Angst der Patientin ihre einzige Möglichkeit war, einen intensiven Kontakt zu ihren Kindern aufrechtzuerhalten. Diese hatten selbst Familien und waren beruflich stark eingespannt. Sie besuchten ihre Mutter nur deshalb so oft, weil diese ohne Hilfe nicht in der Lage war, sich selbst zu versorgen, da sie die Wohnung noch nicht einmal zum Einkauf verlassen konnte. Der Gewinn bzw. der Nutzen, den diese Patientin aus ihrer Krankheit zog, war größer als die Einschränkungen, die die Angst mit sich brachte.

Auch aus der Behandlung chronischer Schmerzpatienten ist bekannt, dass einige von ihnen selbst nach Heilung der organischen Ursache und der Gabe von Morphium keine Schmerzlinderung erfahren. Selbst nach der Durchtrennung eines Nervs treten Schmerzen in dem Versorgungsgebiet dieses Nervs auf, was medizinisch nicht erklärbar ist. Bei diesen Patienten besteht oft ein sekundärer Krankheitsgewinn wie Zuwendung durch die Familie oder durch Ärzte und medizinisches Personal. Andere Patienten sind aufgrund ihrer Schmerzkrankheit invalidisiert und verlören ihre materielle Absicherung (Rente), wenn sie gesund würden. In diesen Fällen ist es oft auch durch Hypnose, Morphium oder chirurgische Eingriffe nicht möglich, eine dauerhafte Linderung zu erreichen.

Häufig ist der sekundäre Krankheitsgewinn dem Patienten nicht bewusst, zum Beispiel, wenn er seine menschliche Zuwendung im Wesentlichen nur durch die behandelnden Ärzte und Schwestern erhält. Bisweilen sagen die Patienten, wenn ihnen bewusst wird, was sie für die Überwindung der Krankheit aufgeben müssten: „Dann behalte ich lieber meine Krankheit."

Warum Heilmethoden manchmal nicht wirken

Avicenna, ein berühmter persischer Arzt und Naturwissenschaftler, pflegte der Überlieferung zufolge seinen Patienten Folgendes zu sagen: „Es gibt immer drei Parteien: den Patienten, die Krankheit und den Arzt. Wenn der Patient sich bewusst oder unbewusst auf die Seite der Krankheit schlägt, dann hat der Arzt keine Chance, denn dann steht es zwei gegen eins." Bei sekundärem Krankheitsgewinn schlägt sich der Patient auf die Seite der Krankheit.

Im Rahmen einer Hypnosetherapie wird im Falle eines sekundären Krankheitsgewinnes zwischen dem Teil des Patienten, der gesund werden will, und dem, der die Krankheit behalten will, vermittelt. Das Ziel besteht darin, eine Lösung zu finden, die für beide Seiten akzeptabel ist, OHNE dass der Patient an seiner Krankheit – in unserem Falle an der Angst – festhalten muss.

Krankheitserhaltende Beziehungen und Lebensumstände

Die Prognose für die Wiedererlangung der Gesundheit hängt nicht nur davon ab, ob es innere Widerstände gegen die Heilung gibt, sondern auch davon, ob es äußere Umstände gibt, die zur Aufrechterhaltung der Krankheit beitragen. Während bei der Chronifizierung die Wippe sozusagen von innen festgerostet ist, wirken aufrechterhaltende Beziehungen und Lebensumstände wie Stützpfeiler, die das Umkippen der Wippe in Richtung Gesundheit verhindern.

Der Erfolg einer psychologischen Behandlung hängt nicht allein davon ab, dass die richtigen therapeutischen Methoden angewendet werden und dass beim Patienten die Bereitschaft zur Veränderung besteht. Häufig ist es auch erforderlich, Lebensumstände und Beziehungen zu Mitmenschen, die zur Entstehung und Aufrechterhaltung der Krankheit beitragen, zu verändern.

So könnte es zum Beispiel notwendig sein, den Arbeitsplatz zu wechseln oder sich aus einer destruktiven Beziehung zu lösen. Für einen sich selbst aufopfernden Menschen könnte es wichtig sein, mehr für sich selbst zu tun, um wieder sein inneres Gleichgewicht zu finden.

Nun kann es aber sein, dass es aus äußeren Gründen nicht möglich ist, die erforderlichen Veränderungen umzusetzen. Der Wechsel des Arbeitsplatzes könnte aus wirtschaftlichen Gründen oder wegen der Qualifikation des Patienten schwierig sein. Der Auszug aus dem Haus der Eltern könnte an einer finanziellen Abhängigkeit scheitern oder daran, dass die Patientin ihre kranke Mutter nicht verlassen will, die auf ihre Hilfe angewiesen ist.

Warum Heilmethoden manchmal nicht wirken

Der Erfolg der Behandlung ist in solchen Fällen auch davon abhängig, ob ein Patient willens und in der Lage ist, diese krankheitserhaltenden Lebensumstände zu ändern. Ohnedies ist es möglich, dass sich seine Ängste und Beschwerden trotz wirksamster Behandlung nicht vermindern. Oder sie klingen beispielsweise im Rahmen einer stationären Behandlung des betreffenden Patienten ab, um erneut aufzutreten, sobald er in seine alte Umwelt zurückkehrt.

Kapitel 3.2

Wie Sie Gesundheit und Angstfreiheit dauerhaft in Ihrem Leben verankern

Als Sie noch im Angstkäfig gefangen waren, ist die Überwindung der Angst Ihr sehnlichstes Ziel gewesen. Langfristig gesehen kann dies aber nur der erste Schritt sein, dem weitere folgen sollten. Warum ist das so? Wenn jemand nicht schwimmen konnte, weil er sein Leben lang aus Angst nicht ins Wasser gegangen ist, kann er dann nach der Überwindung seiner Ängste vor dem Wasser schon schwimmen? Natürlich nicht, und er ist dann erst recht noch kein guter Schwimmer oder gar ein Rettungsschwimmer oder Leistungssportler. Das Überwinden der Angst war erst der Anfang, der erste Schritt. Nun ist es an der Zeit, schwimmen zu lernen.

Wenn jemand seine Angst überwunden hat, öffentlich zu reden und Vorträge zu halten, dann ist er noch lange kein Redner. Er muss nun Kenntnisse und Fähigkeiten erwerben, wie beispielsweise einen guten Vortrag zu verfassen und ohne abzulesen aus dem Herzen zu seinen Zuhörern zu sprechen.

Im Kapitel 3.1 – „Warum zuverlässige Heilmethoden manchmal nicht wirken" – haben wir gesehen, dass es innere und äußere Umstände gibt, die den Zustand der Krankheit verfestigen und somit die Heilung enorm erschweren oder ganz unmöglich machen können. Genauso gibt es innere und äußere Umstände, die den Zustand der Gesundheit und Angstfreiheit stabilisieren, so dass ein Rückfall in Angst und Krankheit unwahrscheinlich wird.

Beim Thema „Angst vor der Angst" (siehe Kapitel 2.3) hatten wir die Notwendigkeit besprochen, sich nach erfolgreicher Behandlung ausgiebig den zuvor Angst auslösenden Situationen zu stellen, um den kritischen Verstand davon zu überzeugen, dass die Angst wirklich und dauerhaft überwunden ist. Wenn Sie also Angst vor Brücken hatten, sollten Sie folglich im Alltag immer wieder über alle möglichen Brücken gehen, bis Ihnen nicht einmal mehr der Gedanke kommt, dass Sie

Gesundheit und Angstfreiheit im Leben verankern

eine solche Angst bekommen könnten. Der Zustand der Angstfreiheit sollte für Sie zur absoluten Normalität werden. Genauso wie sich eine Angst chronifizieren und von innen verfestigen kann, kann und sollte sich der Zustand von Gesundheit und Angstfreiheit „chronifizieren". Die Wippe soll im Zustand der Angstfreiheit „festrosten", so dass sie nicht mehr so leicht auf die Seite der Krankheit und Angst umschlagen kann.

Wie wir gesehen haben, können sekundärer Krankheitsgewinn und krankheitserhaltende Lebensumstände dazu führen, dass Ängste, Schmerzen und auch andere psychische und körperliche Erkrankungen allen Behandlungsversuchen trotzen. Die gleichen Mechanismen können jedoch auch in positiver Weise wirken. Mit dem Überwinden Ihrer Ängste fühlen Sie sich nicht nur besser, sondern es verändern sich auch Ihre Lebensumstände in positiver Weise. Sie können wieder Freizeitaktivitäten unternehmen, die Ihnen am Herzen liegen, und sich auch im Beruf neuen Herausforderungen stellen, die nicht nur zu mehr Erfolg, Anerkennung und Zufriedenheit führen, sondern vielleicht auch zu anderen Arbeitsaufgaben oder zu einer Beförderung.

Es entsteht sozusagen ein sekundärer *Gesundheits*gewinn, der den Zustand von Gesundheit und Angstfreiheit von innen stabilisiert. Es entstehen aber auch immer mehr gesundheitsstabilisierende Lebensumstände, die die Gesundheit von außen festigen wie ein Stützpfeiler unter der Wippe, der verhindert, dass diese wieder in Richtung Angst und Krankheit zurückkippt.

Beantworten Sie nun für sich einmal die Frage, was Sie nach der Überwindung Ihrer Ängste tun können, um den Zustand von Gesundheit, Angstfreiheit, Lebenszufriedenheit und Erfolg noch mehr in Ihrem Leben zu manifestieren. Welche Gewohnheiten und Lebensumstände sollten Sie sich zu eigen machen? Welche Menschen rauben Ihnen Energie und welche tun Ihnen gut? Wie können Sie es einrichten, mit den richtigen Menschen mehr Zeit zu verbringen? Vielleicht sollten Sie regelmäßig Sport treiben oder sich mit guten Freunden treffen oder auch ein Hobby intensiver pflegen? Gibt es neue Arbeitsaufgaben oder ein neues berufliches Betätigungsfeld, dem Sie sich widmen können? Alle Dinge, die Ihnen hier einfallen, tragen nicht nur dazu bei, die Angst als Störung für immer hinter sich zu lassen. Darüber hinaus helfen sie auch Gesundheit, Erfolg und Lebenszufriedenheit zu Ihren ständigen Begleitern werden zu lassen.

Mit der Überwindung Ihrer Ängste haben Sie das Tor zum Land Ihrer Freiheit, Ihrer Zufriedenheit, Ihres Lebenserfolges aufgestoßen. Jetzt geht es darum, dieses Land zu betreten, es nach und nach für sich zu erobern und dort sesshaft zu

Gesundheit und Angstfreiheit im Leben verankern

werden. Sie werden wunderschöne Landschaften betreten, die Ihnen vorher nicht bekannt waren. Sie werden Herausforderungen finden und Berge erklimmen, die Sie zuvor nie erklommen haben. Dies erfordert aber, dass Sie sich nicht auf Ihren Lorbeeren ausruhen, sondern weiter am Ball bleiben.

Wenn Sie die Methoden aus diesem Buch langfristig anwenden, können Sie Ihren inneren Autopiloten auf Gesundheit, Glück und Erfolg programmieren und Ziele im Land Ihrer Freiheit erreichen, die Ihnen aus heutiger Sicht unerreichbar erscheinen oder von denen Sie noch nicht einmal wussten, dass es sie gibt. Denn wenn Sie den Horizont Ihrer heutigen Ziele erreicht haben, öffnet sich Ihnen ein neuer Horizont und danach wieder ein neuer.

Nachdem Sie Ihre Ängste überwunden und sich aufgemacht haben, das Land Ihrer Freiheit und Ihrer Zukunft zu erobern, haben Sie viel mehr getan, als nur Ihren Angstkäfig zu verlassen. Sie sind zu einem Leuchtturm geworden, an dem sich auch andere Menschen orientieren können. Sie haben die Opferrolle verlassen, Ihr „Schicksal" in die eigenen Hände genommen und sind auf dem Weg zu einem zufriedenen, glücklichen und erfolgreichen Leben.

Bitte teilen Sie mir per E-Mail Ihre Erfahrungen und Ihre Erfolge mit, die Sie mit Hilfe der Methoden des Buches erzielt haben. Ich freue mich, von Ihnen zu hören. Die Kontaktangaben finden Sie auf der Webseite zum Buch: www.niewiederangst.com.

Kapitel 3.3

Was Sie tun, wenn Sie noch nicht die gewünschten Ergebnisse erzielt haben

Mit den in diesem Buch beschriebenen Methoden ist es häufig möglich, deutliche Fortschritte bei der Überwindung von Ängsten zu erzielen. In anderen Fällen bleiben die Ergebnisse hinter den Erwartungen zurück. Woran kann das liegen? Dies sind die beiden häufigsten Gründe:

- Es gibt noch weitere unbearbeitete Ursachen der Angst.
- Die Behandlung wurde noch nicht intensiv und lange genug durchgeführt.

Es gibt noch weitere unbearbeitete Ursachen der Angst

Wenn man von einem Unkraut die Wurzel entfernt, verwelkt es und geht ein. Wenn dies nicht geschieht oder wenn das Unkraut wieder nachwächst, dann liegt das sehr wahrscheinlich daran, dass es noch eine zweite Wurzel gibt, die nicht mit entfernt wurde. Manch ein Unkraut hat nur eine einzige, schwache Wurzel, die man leicht aus dem Boden ziehen kann. Ein anderes hat mehrere größere und weit verzweigte Wurzeln und man muss langsamer und gründlicher vorgehen, um es dauerhaft zu entfernen.

Wie bereits im Kapitel 2.4 über die Selbsthypnose erläutert, sind Ängste häufig erlernt und können daher relativ leicht beseitigt werden. Andere Ängste sind Ausdruck und Symptom tiefer liegender emotionaler Ursachen. In aller Regel lösen sich diese Ängste erst dann auf, wenn die zugrunde liegenden Ursachen aufgedeckt und behandelt werden. Falls die Ängste weiterbestehen, kann dies daran liegen, dass es noch weitere Ursachen gibt, die bisher noch nicht gefunden und gelöst worden sind. In diesem Fall ist es erforderlich, auch nach den restlichen Wurzeln zu suchen.

Doch noch Ergebnisse erzielen

Die Behandlung wurde noch nicht intensiv und lange genug durchgeführt

Jede Behandlung und jede Selbstbehandlung setzt eine gewisse Intensität und Dauer voraus. Das gilt natürlich auch für die in diesem Buch vorgestellten Methoden. Während die Handflächenmethode und die Kinotechnik sehr schnell erkennen lassen, ob man mit ihnen Erfolg hat oder nicht, ist bei der Selbsthypnose und der Klopfbehandlung mehr Ausdauer gefragt, denn sie werden ja gerade auch dann eingesetzt, wenn es sich um Ängste mit tiefer liegenden Ursachen handelt. Angststörungen, die Ausdruck tiefer liegender innerer Probleme sind und die sich über viele Jahre entwickelt haben, benötigen naturgemäß mehr Zeit für die Behandlung, weil sie viel tiefer verwurzelt sind als spezifische Ängste oder Ängste, die noch nicht sehr lange bestehen.

Selbsthypnose und Klopfbehandlung gemeinsam durchgeführt, haben bei einer hinreichenden Portion Hartnäckigkeit letztendlich schon oft zum Durchbruch geführt, wenn die Anwendung einer einzelnen Methode keine nennenswerten Veränderungen bewirkt hat. In jedem Fall sollten Sie bei komplexen und hartnäckigen Ängsten davon ausgehen, dass Sie eine längere Zeit an ihnen arbeiten werden.

Warum Angstfreiheit manchmal als Durchbruch eintritt und manchmal als Entwicklung

Konditionierte Ängste können oft in ein bis zwei Sitzungen gelöst werden. Die Veränderung bei tiefer liegenden Ängsten geschieht jedoch oft im Sinne einer Entwicklung. Aber auch hier gibt es verschiedene Verläufe. Während sich bei manchen Patienten eine kontinuierliche Besserung zeigt, ist bei anderen zunächst keine Veränderung zu beobachten, bis an einem bestimmten Punkt „der Knoten platzt". Es ist wie bei einer Wippe mit zwei Sitzen, bei der auf jedem Sitz ein Korb steht. In dem einen Korb befinden sich „Angsteier", in dem anderen „Gesundheitseier". Bei einem Angstpatienten befinden sich, bildlich gesprochen, viel mehr Eier im Angstkorb als im Gesundheitskorb, so dass die Angstseite das Übergewicht hat.

Stellen Sie sich nun vor, dass im Laufe der Behandlung Eier aus dem Angstkorb herausgenommen und in den Gesundheitskorb gelegt werden. Es kann ganz sicher gesagt werden, dass sich das Gleichgewicht immer mehr in Richtung Gesundheit

Doch noch Ergebnisse erzielen

verschieben wird, auch wenn sich die Wippe nicht sofort neigt. Eine gut geölte und leicht bewegliche Wippe kippt bereits in Richtung Gesundheit um, wenn ein relativ geringes Übergewicht auf der Gesundheitsseite erreicht ist. Bei einer schlecht geölten oder gar festgerosteten Wippe benötigt man hingegen ein größeres Übergewicht, um die Wippe in Bewegung zu setzen.

Ein erfahrener Therapeut weiß, dass sich das Gleichgewicht im Laufe der Behandlung immer mehr zur Seite der Gesundheit und Angstfreiheit hin verschiebt. Er kann jedoch nicht in jedem Fall vorhersagen, wann die Wippe zu kippen beginnt und die Gesundheitsseite so viel Übergewicht erreicht hat, dass sie endlich die Angst besiegt. Wenn im Rahmen einer Behandlung oder auch Selbstbehandlung erfolgreich Schritte durchlaufen werden, die im Allgemeinen zu einer Besserung und Überwindung der Angst führen, kann davon ausgegangen werden, dass man sich auf dem richtigen Weg befindet. Eine Behandlung vorzeitig abzubrechen, weil man beispielsweise den Glauben an die Wirkung oder die Hoffnung auf eine Besserung aufgegeben hat, bedeutet, dass man aufhört, weitere Eier in den Gesundheitskorb zu legen, obwohl die Wippe möglicherweise schon kurz vor dem Umschlagen steht. Fehlende Ausdauer ist einer der Hauptgründe, warum insbesondere im Rahmen einer Selbstbehandlung der Erfolg ausbleibt. Bleiben Sie also hartnäckig und geben Sie Ihrem System genügend Zeit, eine sichtbare Veränderung einzuleiten.

Kapitel 3.4

Kontraindikationen – wann die Selbsthilfemethoden nicht angewandt werden sollten

Das Anliegen dieses Buches besteht darin, Sie zu ermutigen, selbst etwas zur Überwindung Ihrer Ängste zu tun und Ihnen auch Selbsthilfemethoden an die Hand zu geben. Andererseits soll es Lesern, die keinen Arzt oder Therapeuten konsultiert haben, Information zur Verfügung stellen, wann eine Selbstbehandlung angezeigt (indiziert) ist und wann kontraindiziert (also nicht angezeigt). Warum ist das wichtig?

Auch wenn die Methoden aus diesem Buch aufgrund ihrer Einfachheit gut zur Selbstanwendung und auch zur Unterstützung einer Psychotherapie geeignet sind, gibt es Menschen, die diese Methoden zu einem bestimmten Zeitpunkt in ihrem Leben nicht anwenden sollten. Wenn Sie sich in Behandlung eines erfahrenen Psychologen oder Psychiaters befinden, wird er mit Ihnen besprechen, ob Selbsthilfemethoden und insbesondere auch die Selbsthypnose für Sie zum gegenwärtigen Zeitpunkt sinnvoll sind.

Es gibt jedoch auch Menschen, die keinen ärztlichen oder therapeutischen Rat gesucht haben und die eine Erkrankung haben, bei denen die beschriebenen Selbsthilfemethoden momentan nicht empfehlenswert sind. Diese Patienten könnten versucht sein, sich mit Hilfe des Buches selbst zu therapieren, ohne die *Grenzen und Risiken einer Selbstbehandlung* zu kennen.

Ein befreundeter erfahrener Neurologe und Psychiater berichtete mir, dass es unter psychiatrischen Patienten gar nicht selten ist, dass diese nicht erkennen, dass sie behandlungsbedürftige Erkrankungen haben, die auch mit Ängsten einhergehen können. Ein Teil dieser Patienten konsultiert deshalb keinen Arzt oder Therapeuten und verzögert somit den Beginn einer angemessenen Behandlung, was einer *Verschlimmerung oder auch Chronifizierung* der Krankheit Vorschub leistet.

Kontraindikationen

Weil bei bestimmten Erkrankungen eine objektive Beurteilung für Betroffene nicht möglich ist, ist es bei Auftreten von starken Ängsten dringend angeraten, einen Facharzt zu konsultieren, weil das Gefühl und die Überzeugung, alles allein in den Griff zu bekommen, trügerisch sein können.

Eine Gruppe von Patienten, beispielsweise einige Patienten mit akuten Psychosen oder in einem Vorstadium der Psychose, hat aufgrund der Art ihrer Erkrankung keine Krankheitseinsicht und vermeidet deshalb, sich psychiatrisch behandeln zu lassen. Die Betroffenen sind aufgrund der Art ihrer Erkrankung selbst nicht zu einer objektiven Beurteilung in der Lage. Gerade in solchen Fällen ist eine fachärztliche Behandlung wichtig.

Ein Selbsthilfebuch kann natürlich keine fachärztliche Diagnostik und Behandlung ersetzen. Es kann und sollte aber auf dieses Problem hinweisen und die Grenzen einer Selbstbehandlung aufzeigen.

Um zusätzliche Hinweise zu geben, die Ihnen helfen zu erkennen, ob eine (ausschließliche) Selbstbehandlung möglicherweise im Moment nicht das Vorgehen der Wahl ist, sollen nachfolgend einige typische Symptome von Erkrankungen aufgezählt werden, die mit einer Beeinträchtigung der Realitätswahrnehmung einhergehen, bei denen die Betroffenen sich folglich kein objektives Urteil bilden können. Insbesondere geht es hier um formale und inhaltliche Denkstörungen und auch um Halluzinationen, wie sie bei psychotischen Erkrankungen auftreten.

Wie bereits erwähnt, kann ein Buch keine fachärztliche Diagnostik ersetzen. Die nachfolgende Aufzählung kann Ihnen jedoch Anhaltspunkte liefern, ob bei Ihnen eine Problematik vorliegen könnte, die das Aufsuchen eines Facharztes auf jeden Fall angeraten erscheinen lässt. Wenn Sie also einige der genannten Symptome bei sich wiedererkennen, sollten Sie auf jeden Fall fachärztlichen Rat suchen.

Formale Denkstörungen

- Verlangsamung des Denkens
- Denkhemmung: mühseliger, schwerfälliger Gedankengang
- Gedankenabreißen: plötzliche Unterbrechung des Denkablaufes
- Umstellungserschwerung: Schwerfälligkeit, sich auf wechselnde Gedankengänge, Situationen oder Handlungen umzustellen
- Haften: innere Gefangenheit durch eine Vorstellung oder Idee

Kontraindikationen

- Perseveration: stereotype Wiederholung derselben Denkinhalte. Hier kreist das Denken in monotoner Weise um bestimmte Vorstellungen und ist ausschließlich auf ein Thema fixiert. Der Patient ist außerstande, Gedankengänge zu Ende zu führen oder neue Denkansätze zu finden.
- Inkohärenz oder Zerfahrenheit: Die Gedankengänge sind sprunghaft und ohne verständlichen Zusammenhang. „Inkohärenz" meint den Verlust der inneren Logik. Denkzerfahrenheit äußert sich in unlogischem und unverständlichem Sprechen.
- Ideenflucht: Beschleunigung der Denkabläufe und Kontrollverlust über die Gedankenabläufe. Denkinhalte wechseln rasch und sprunghaft. Der Patient hat immer wieder neue Einfälle, ohne die vorherigen Gedanken und Ideen zu Ende zu führen.
- Logorrhö: starker Rededrang, übermäßig schnelles und pausenloses Reden.

Inhaltliche Denkstörungen

Zu den wichtigsten inhaltlichen Denkstörungen gehören Wahnideen oder paranoide Gedanken. Beispiele sind Verfolgungswahn, Bedeutungswahn, Liebeswahn, Größenwahn, Verarmungswahn, Eifersuchtswahn, Paranoia (Gefühl der Bedrohung und des Verfolgtwerdens).

Halluzinationen

Mit Halluzinationen ist die Wahrnehmung von Dingen gemeint, ohne dass es diesbezügliche Sinnesreize gibt. Bei Halluzinationen sieht, hört, riecht, schmeckt oder fühlt man etwas, was real nicht vorhanden ist. Auch hier gibt es Abstufungen: Manchmal ist dem Patienten bewusst, dass er etwas sieht, was nicht da ist. Bei echten Halluzinationen ist der Patient jedoch überzeugt, dass seine Wahrnehmung stimmt, und er nimmt sie nicht als Halluzination wahr.

Wichtig:

Diese Denkstörungen und Halluzinationen werden von den Betroffenen NICHT als solche erkannt. Vielmehr sind die Patienten subjektiv davon überzeugt, dass sie REAL bedroht, verfolgt oder beeinflusst werden oder etwas wahrnehmen, was real nicht vorhanden ist. Diese Vorstellungen, Überzeugungen und Wahrnehmungen sind durch logische Erklärungen oder Beweise nicht korrigierbar.

Kontraindikationen

Neben den *absoluten Kontraindikationen*, also wann eine (Selbst-)Behandlungsmethode wie die (Selbst-)Hypnose nicht angewandt werden sollte, gibt es auch *relative Kontraindikationen*, die besagen, dass *unter gewissen Umständen* eine Methode nicht angewandt werden sollte.

Beispiele für relative Kontraindikationen für die Selbsthypnose sind Persönlichkeitsstörungen (zum Beispiel die hypochondrische Persönlichkeitsstörung oder die zwanghafte Persönlichkeitsstörung), posttraumatische Belastungsstörungen, Depressionen oder komplexe Angsterkrankungen. Hier hängt es von verschiedenen Umständen ab, ob die Selbstbehandlung sinnvoll sein kann oder eher nicht. Wenn Sie sich in ärztlicher oder therapeutischer Behandlung befinden, wird Ihr Therapeut diese Dinge mit Ihnen besprechen. Falls nicht, dann sollten Sie bei den genannten Störungsbildern die Konsultation eines Arztes in Betracht ziehen.

Hier zwei Beispiele:
Auch wenn (Selbst-)Hypnose und die Klopftechnik in der Hand des erfahrenen Therapeuten wirksame Methoden zur Behandlung von posttraumatischen Belastungsstörungen sind, können diese Methoden, wenn sie als reine Selbstbehandlungsmethoden angewandt werden, gegebenenfalls nicht sinnvoll sein, beispielsweise bei einem frühen oder schweren sexuellen Missbrauch.

Bei einer hypochondrischen Persönlichkeitsstörung könnte die mit der Entspannung der Selbsthypnose verbesserte Körperwahrnehmung dazu führen, dass die zusätzlichen Wahrnehmungen im Sinne einer lebensbedrohlichen Erkrankung umgedeutet werden.

Bei der Frage, ob Sie sich bei einer stark ausgeprägten Angstproblematik ausschließlich auf Selbsthilfemethoden verlassen sollten, verhält es sich wie mit dem Überholen im Straßenverkehr. Die Empfehlung lautet: „Im Zweifelsfall nicht."

Kontraindikationen

Suchen Sie im Zweifelsfall also einen Arzt oder Therapeuten auf. Wie mein Freund und Kollege betonte, bedeutet das Aufsuchen eines Facharztes oder Psychiaters nicht automatisch, „verrückt" zu sein, sondern es geht um die MOMENTANE Zweckmäßigkeit von Selbsthilfemethoden wie beispielsweise der Selbsthypnose. Selbst wenn eine fachärztliche Behandlung angezeigt ist, wird Ihr Arzt es in vielen Fällen begrüßen, wenn Sie diese durch eigene Bemühungen außerhalb der Behandlung unterstützen. Ebenso wie es ein Orthopäde in Abhängigkeit von den individuellen Umständen in vielen Fällen begrüßen wird, wenn seine Patienten bei Rückenbeschwerden neben den ärztlichen Behandlungsmaßnahmen im Alltag auch Selbsthilfemethoden wie beispielsweise eine Wirbelsäulengymnastik durchführen, ihre Bauch- und Rückenmuskulatur kräftigen oder schwimmen gehen.

Kapitel 4

Hypnosetherapie der Angst

Wenn Sie mit den in diesem Buch beschriebenen Methoden Ihre Ängste nicht überwinden konnten, kann das daran liegen, dass es sich um sehr komplexe und tief verwurzelte Ängste handelt und es innere und äußere aufrechterhaltende Umstände gibt. In diesen Fällen ist die Hilfe eines Therapeuten gefragt.

Es gibt viele Methoden der Angstbehandlung. Da ich selbst als Hypnosetherapeut arbeite und die aufdeckende Hypnosetherapie als besonders wirksame Methode erfahren durfte, werde ich nachfolgend das mögliche therapeutische Vorgehen am Beispiel der analytischen Hypnosetherapie, auch „Hypnoanalyse" genannt, beschreiben.

Zunächst ein paar Worte zu Hypnose und Hypnosetherapie

Hypnose ist die älteste, natürlichste und eine der am besten belegten ganzheitlichen Heilmethoden überhaupt. Sie blickt auf eine fast 4000-jährige Geschichte zurück und wird seit alters her zu Heilzwecken eingesetzt. Bis zum Jahr 1900 war die Hypnosetherapie die einzige Form der Psychotherapie. Durch sie können nicht nur Denken, Fühlen und Verhalten, sondern sämtliche körperliche Vorgänge des Menschen beeinflusst werden, wie zum Beispiel Magen- und Darmtätigkeit, Herztätigkeit, Blutdruck, Drüsenfunktionen, Muskel- und Nerventätigkeit.

Hypnose und Hypnosetherapie ermöglichen es, ungenutzte Ressourcen und Fähigkeiten des Menschen und ungenutzte Bereiche des Gehirns zu mobilisieren. Die entscheidende Kraft der Hypnosetherapie bei der Behandlung von hartnäckigen Ängsten und Erkrankungen ergibt sich aus der Möglichkeit des direkten Zugangs zum Unterbewusstsein. Dadurch eröffnen sich hervorragende therapeutische Möglichkeiten, die weit über das hinausgehen, was ohne Hypnose erreicht werden kann.

Hypnosetherapie der Angst

Im Bereich der Hypnosetherapie gibt es verschiedene therapeutische Schulen und Behandlungsmethoden, die sich auch bei der Angstbehandlung bewährt haben. Eine der effektivsten und wirksamsten Methoden zur Behandlung von Angsterkrankungen ist die Hypnoanalyse. Sie geht davon aus, dass den Ängsten unverarbeitete und oft auch unbewusste Erlebnisse, innerseelische Konflikte und belastende Gefühle zugrunde liegen. Die aktuelle Situation liefert lediglich den Auslöser, der eine alte, im Unterbewusstsein gespeicherte Angst wachruft. Zur Überwindung der Ängste ist es dementsprechend erforderlich, dass die emotionalen Ursachen aufgedeckt und bearbeitet werden.

Mit Hilfe der analytischen Hypnosetherapie können tief verdrängte Ursachen aufgedeckt und gelöst werden. Dadurch ist es möglich, selbst komplexe, hartnäckige und tief sitzende Ängste schnell und effektiv zu lösen, auch wenn bisherige Behandlungen keinen Erfolg hatten. Wenn das traumatische Erlebnis geheilt wurde, ist keine alte Angst mehr vorhanden, die in anderen Situationen wachgerufen werden kann.

Die Hypnoanalyse ist das Skalpell unter den Therapiemethoden. Oft ist es in einer einzigen intensiven Sitzung möglich, sich wie ein Chirurg Schicht für Schicht vorzuarbeiten, um den in der Tiefe verborgenen „Tumor" (den unbewussten Konflikt, die unverarbeitete traumatische Erfahrung) präzise freizulegen und eine punktgenaue Behandlung durchzuführen.

Die Behandlung ist aber nicht mit einer großen Operation am offenen Bauch zu vergleichen, die einen enormen Eingriff mit hohen Risiken darstellt und einen längeren Krankenhausaufenthalt erfordert. Sie kann eher verglichen werden mit einer ambulanten endoskopischen Operation, bei der nur ein knopflochgroßer Schnitt gesetzt und das therapeutische Ziel mit höchster Effektivität und minimaler Belastung für den Patienten erreicht wird.

Aufgrund ihrer schnellen, tief greifenden und nachhaltigen Wirkung bei der Behandlung von psychosomatischen und psychischen Erkrankungen bezeichne ich die Hypnoanalyse gern als das Kronjuwel der Hypnose. Spezifische Phobien können häufig innerhalb einer einzelnen Sitzung überwunden werden. Bei komplexen Angststörungen sind bei Verwendung der Hypnoanalyse in aller Regel mehrere Behandlungstermine erforderlich. Häufig kann man jedoch mit zwei bis vier Sitzungen eine deutliche Verminderung oder auch Heilung der Angst erreichen. Die Erfolge sind unmittelbar und sofort in der Realität überprüfbar.

Fallbeispiel: Patientin mit Platzangst und Panikattacken

Manuela (Name geändert), eine knapp 40-jährige, selbstständige Bürokauffrau und angehende Firmenchefin, litt seit ihrem 26. Lebensjahr unter extremer Platzangst[2] mit Todesangst und Panik, die vor allem in folgenden Situationen auftraten: in engen Räumen, im Flugzeug, im Fahrstuhl, im Skilift, im Parkhaus und in Menschenansammlungen. Es war ihr völlig unmöglich, ein Theater zu besuchen, in volle Geschäfte und Kaufhäuser oder ins Kino zu gehen. Sie konnte keine Atemschutzmaske aufsetzen und im Spaßbad war es ihr aufgrund massiver Ängste unmöglich, mit ihrem Sohn die Rutsche (Tunnel) zu benutzen. In all diesen Situationen war die Panik mit einer ihr unerklärlichen Angst verbunden, nicht mehr herauszukommen und zu ersticken. Ihre Lebensqualität war sehr stark eingeschränkt, weil sie viele normale Dinge des Alltags nicht erledigen konnte.

Bisher hatte nichts geholfen, diese Ängste zu überwinden. Eine früher durchgeführte, systematische therapeutische Konfrontation mit den Angstsituationen beschrieb sie als extrem belastend, weil sie ständig Panik und Todesangst erlebte, ohne dass jemals eine Linderung der Symptomatik erreicht werden konnte. Diese Konfrontationen beschrieb sie als „Tortur, die mich viel Lebensenergie gekostet hat".

Es wurden drei Sitzungen in mehrwöchigem Abstand vereinbart. Während der ersten Hypnosesitzung tauchten verschiedene Situationen der Vergangenheit auf, in denen sich die Patientin in eingeengten Situationen hilflos fühlte und Panik und Todesängste ausstand. Die Hypnoanalyse ergab folgendes ursächliches Erlebnis: Im Alter von drei Jahren planschte die kleine Manuela in einem Schwimmreifen an der Leiter eines Schwimmbeckens im tiefen Wasser, als ihr Schwimmreifen umkippte. Sie befand sich in einer völlig hilflosen Situation, mit dem Kopf unter Wasser und im Reifen eingeklemmt. Die Füße ragten aus dem Wasser und sie konnte sich nicht befreien. Subjektiv befand sie sich eine sehr lange Zeit lang in dieser ausweglosen Situation, in der sie keine Luft bekam, Wasser schluckte, Todesangst erlebte und glaubte, dass sie jetzt sterben müsste.

Im letzten Moment sei der Schwimmmeister gekommen und habe sie gerettet. Die Prägung in ihrem Unterbewusstsein war jedoch bereits fest verankert: Enge, Luftnot und das Gefühl, sich nicht selbst befreien zu können, waren von da an für sie mit der Bedrohung verbunden, dass sie sterben könnte.

---

2 Der Begriff „Platzangst" wird umgangssprachlich sowohl für die Klaustrophobie als auch für die Agoraphobie verwendet (s. Kapitel „Klopftechnik").

Hypnosetherapie der Angst

Über viele Jahre blieb sie frei von Ängsten. Panik und Todesangst traten das erste Mal auf, als sich die Erfahrung des Ausgeliefertseins wiederholte. Mit 26 Jahren blieb sie in Afrika bei 40°C in einem Fahrstuhl stecken. Die Luft war stickig und das Atmen fiel ihr schwer. Über lange Zeit kam keine Hilfe. Sie versuchte sich über den Notruf auf Englisch verständlich zu machen. Der Vermittler am anderen Ende der Telefonleitung sprach jedoch nur Französisch, wodurch sich ihr Gefühl der Hilflosigkeit noch verstärkte.

In dieser Situation wiederholten sich wesentliche Charakteristika der damaligen Todesangsterfahrung: Enge, Luftnot und das Gefühl der Hilflosigkeit. Panik und Todesangst traten zum ersten Mal als Angststörung auf. Verstärkend wirkte die Tatsache, dass sie im selben Fahrstuhl am selben Tag noch einmal stecken blieb. Sie hatte wieder sehr lange mit Atemschwierigkeiten in großer Hitze zu kämpfen und bekam nun noch stärkere Angst. An diesem Tag war die Angststörung geboren. Von nun an lösten alle Situationen, die mit Enge, mit der Schwierigkeit zu atmen und mit dem Gefühl, nicht herauszukönnen oder ausgeliefert zu sein, verbunden waren, bei der Patientin Panik und Todesangst aus. So lässt sich auch erklären, warum sie selbst beim Aufsetzen einer Atemschutzmaske Panik und Todesangst bekam.

Nachdem die Ursache aufgedeckt und die alten Ängste geheilt worden waren, konnte die Patientin sich alle wichtigen, prägenden Situationen der Vergangenheit und danach alle angstbesetzten Situationen, die ihr in Zukunft begegnen könnten, vorstellen, ohne Angst oder gar Panik zu erleben. Am Ende dieser ersten Sitzung wurden die heilsamen Veränderungen mittels Suggestionen im Unterbewusstsein verankert. Die Patientin erhielt einen Mitschnitt der Suggestionen, um die erreichten Veränderungen durch tägliche Anwendung zu verstärken.

Zum Abschluss wurde die Patientin aufgefordert, als Realitätstest den Fahrstuhl im Ärztehaus zu benutzen und anschließend den Fahrstuhl eines sich in der Nähe befindlichen Hochhauses. Beides war bisher für sie nicht denkbar gewesen. Sie fuhr mit beiden Fahrstühlen mehrfach auf und ab, ohne das geringste Angstgefühl zu erleben. Es wurde besprochen, dass sie sich im Alltag weiteren zuvor Angst auslösenden Situationen stellen sollte. Für einen nächsten Realitätstest ging sie unmittelbar nach der Sitzung in einen Supermarkt einkaufen, was ihr zuvor ebenfalls nicht möglich gewesen war.

Die zweite Sitzung wurde vier Wochen nach der ersten durchgeführt. Zu Beginn der Sitzung berichtete die Patientin, dass auch das Einkaufen „wunderbar und ohne Probleme möglich" gewesen sei. Sie könne jetzt in alle Situationen gehen und

Hypnosetherapie der Angst

fühle sich „einfach leicht und offen", „Es geht deutlich besser. Ich kriege auch keine feuchten Hände mehr." Jetzt könne sie auch wieder Auto fahren. Sie berichtete stolz, dass sie sogar zur Sitzung nach Magdeburg mit dem Auto gekommen sei. Allerdings könne sie, aus ihr unerklärlichen Gründen, noch nicht ohne Begleitung Auto fahren. Wenn sie dies versuche, fühle sie sich unsicher, schwach und verlassen und habe „Angst im Herz".

Ausgehend von diesen Gefühlen, tauchten in der zweiten Sitzung folgende zwei prägende Situationen der Kindheit auf, in denen sich das kleine Mädchen verlassen gefühlt und schreckliche Angst gehabt hatte: Als sie drei Jahre alt war, stand sie allein an einer Bushaltestelle und wartete auf die Mama, die sie abholen wollte, aber nicht kam. Sie erlebte Aufregung, Angst und Herzrasen und fühlte sich verlassen. Dem Verlassenheitsgefühl weiter folgend, erlebte sie sich als drei Tage altes Baby im Krankenhaus. Sie war allein, fühlte sich einsam und verlassen und schrie, aber ihre Mama kam nicht. Es kam auch niemand anders. Sie litt unter Einsamkeitsgefühlen, die so stark waren, wie man sie wohl nur als kleines Baby empfinden kann, wenn man die Mama so sehr braucht und diese selbst in der größten Not nicht kommt.

Nach Bearbeitung der Situationen führte die Patientin unmittelbar nach Abschluss der Sitzung den Test durch, den sie sich vorher überlegt hatte: Sie fuhr ALLEIN Auto und war vollkommen angstfrei. Fünf Wochen später rief sie bei mir an und verschob den zur Sicherheit vereinbarten dritten Termin, weil sie beruflich sehr eingespannt war. Es ginge ihr auch viel besser. Weitere vier Wochen später, also etwa vier Monate nach der ersten Sitzung, sprach sie auf den Anrufbeantworter, dass sie keine Sitzung mehr benötige, weil es ihr gut gehe.

Falls Sie sich für eine Hypnosetherapie interessieren, finden Sie Links zu Therapeutenlisten der drei größten Hypnose-Fachgesellschaften Deutschlands sowie zu Therapeutenlisten für Leser aus Österreich und der Schweiz auf der Webseite zum Buch: www.niewiederangst.com. Diese Adressen ermöglichen es Ihnen, ohne aufwendige Recherche einen qualifizierten Therapeuten in Ihrer Nähe zu finden.

Anhang

1. Training der körperlichen Entspannung

Wenn Sie zu den Menschen gehören, die sehr schlecht entspannen können, empfiehlt es sich, Ihre Entspannungsfähigkeit zu trainieren, bevor Sie mit der Selbsthypnose beginnen. Die nachfolgende einfache Übung hilft Ihnen, durch den Wechsel von Anspannung und Entspannung nach und nach den gesamten Körper von Kopf bis Fuß zu entspannen. Hierbei wird das Prinzip genutzt, dass die Muskulatur auf Anspannung automatisch mit einer Entspannungsreaktion antwortet. Es ist wie mit einem Pendel. Je mehr es zu einer Seite bewegt wird, desto stärker schlägt es anschließend zur anderen Seite aus. Über den mehrfachen Wechsel von Anspannung und Entspannung wird die muskuläre Entspannung immer weiter vertieft. Durch diese Übung verbessert sich auch Ihre körperliche Wahrnehmungsfähigkeit, was sich wiederum positiv auf Ihre Entspannungsfähigkeit auswirkt.

Während Sie nach dem Anspannen eines Muskels oder einer Muskelgruppe wieder locker lassen, sagen Sie in Gedanken das Wort „Loslassen". Mit einiger Übung wird die Entspannungsreaktion mit diesem Wort verknüpft. Dadurch ist es Ihnen möglich, gezielt einen Bereich Ihres Körpers zu entspannen, indem Sie Ihre Aufmerksamkeit auf diesen Bereich richten und in Gedanken das Wort „Loslassen" sagen.

Ablauf der Entspannungsübung

Sie beginnen mit der rechten Hand, wenn Sie Linkshänder sind, mit der linken. Ballen Sie Ihre Hand ganz fest zur Faust, so dass Sie die Anspannung deutlich spüren können. Halten Sie diese Spannung drei bis fünf Sekunden lang und nehmen Sie das Gefühl der Anspannung bewusst wahr. Lassen Sie nun Ihre Faust vollkommen locker und sagen Sie in Gedanken: „Loslassen". Sie werden spüren, wie die Spannungen in der Hand abfließen. Nehmen Sie bewusst den Unterschied zwischen Anspannung und Entspannung wahr.

Training der körperlichen Entspannung

Wiederholen Sie diesen Wechsel von Anspannung und Entspannung dreimal hintereinander mit der rechten Hand und danach mit der linken (Linkshänder in umgekehrter Reihenfolge). Dieses Vorgehen der abwechselnden An- und Entspannung wiederholen Sie nun für alle wichtigen Muskelgruppen des Körpers und auch für die Muskeln des Gesichts. Beim Loslassen denken Sie jedes Mal das Wort „Loslassen" und achten auf den Unterschied zwischen Anspannung und Entspannung.

Als Nächstes spannen Sie die rechte Faust gemeinsam mit dem rechten Unterarm und Oberarm an. Dann halten Sie die Anspannung wieder für drei Sekunden, um dann in Gedanken „Loslassen" zu sagen und gleichzeitig den Arm locker zu lassen und den Entspannungsprozess bewusst wahrzunehmen. Nach drei Wiederholungen tun Sie das Gleiche mit dem linken Arm.

Denselben Prozess wiederholen Sie nun für die Beine. Zur Anspannung der Füße krallen Sie Ihre Zehen in Richtung Fußsohle, wie wenn Sie etwas mit ihnen greifen wollten, und spannen somit den gesamten Fuß an. Die Waden spannen Sie an, indem Sie die Fußspitzen in Richtung Schienbein ziehen. Das Anspannen der Oberschenkel können Sie erleichtern, indem Sie sitzend die Füße gegen den Fußboden stemmen, als ob Sie aufstehen wollten. Bei den Beinen kann es sinnvoll sein, Füße, Waden und Oberschenkel zunächst einzeln zu trainieren. Mit einiger Übung können Sie dann die Übung für das gesamte Bein durchführen.

Das Gesicht können Sie von Anfang an mit einem Mal als Ganzes anspannen, indem Sie eine Grimasse ziehen, die möglichst viele Muskeln des Gesichts einbezieht. Falls Sie damit am Anfang noch keine hinreichende Entspannung erreichen, können Sie auch die verschiedenen Bereiche wie Augen, Wangen, Mund und Kaumuskulatur einzeln und nacheinander ansprechen. Für das Gesicht gilt das Gleiche wie für alle anderen Bereiche des Körpers: Folgen Sie Ihrem Gefühl bei der Wahl, was für Sie im Moment das geeignete Vorgehen ist. Ziel sollte es jedoch sein, nach einiger Übung das gesamte Gesicht mit einem Mal anspannen und wieder entspannen zu können.

Die Entspannung von Armen, Beinen und Gesicht reicht für viele Menschen aus, einen Prozess der Gesamtentspannung des ganzen Körpers auszulösen. Da in unserer heutigen Zeit der sitzenden Tätigkeit, der einseitigen körperlichen Belastung und der starken geistigen und emotionalen Beanspruchung viele Menschen unter Verspannungen im Nacken-Schulter-Bereich leiden, mag es für Sie sinnvoll sein, zusätzlich diesen Bereich in Ihr Entspannungstraining mit einzubeziehen und ihm

Training der körperlichen Entspannung

vielleicht sogar besondere Aufmerksamkeit zu widmen. Den Nacken-Schulter-Bereich spannen Sie am einfachsten an, indem Sie Ihre Schultern nach oben hinten ziehen. Hier ist es wieder wichtig, die Spannung und vor allem den Unterschied zwischen Anspannung und Entspannung bewusst wahrzunehmen.

Mit dieser Methode der fortschreitenden körperlichen An- und Entspannung verbessern viele Menschen recht schnell ihre Entspannungsfähigkeit. Sie werden feststellen, dass es Ihnen mit der Zeit immer leichter fällt, zunächst einzelne Bereiche des Körpers und später auch größere Muskelgruppen zu entspannen. Mit einiger Übung gelingt es Ihnen, beide Arme und danach auch beide Beine mit einem Mal zu entspannen oder auch Arme und Beine gleichzeitig. Mit einiger Übung werden Sie dann sogar in der Lage sein, die verschiedenen Bereiche Ihres Körpers zu entspannen, indem Sie sich einfach auf den betreffenden Bereich konzentrieren und diesen mit der Kraft Ihrer Vorstellung und der Hilfe des Wortes „Loslassen" entspannen.

Die Erfahrung zeigt, dass es vielen Menschen leichter fällt, diese Entspannungsübungen unter Anleitung durchzuführen. Aus diesem Grund stelle ich Ihnen auf der Webseite zu diesem Buch (www.niewiederangst.com) eine Audiodatei als Download zur Verfügung, deren Inhalt Sie durch die Entspannungsübung führt.

2. Angst, was ist das überhaupt?

„Die ganze Welt ist voll armer Teufel, denen mehr oder weniger angst ist."
(Johann Wolfgang von Goethe)

2.1 Allgemeines zum Thema Angst

Angst, eine natürliche Schutzreaktion des Körpers

Angst ist eine natürliche und biologisch sinnvolle Warn- und Schutzfunktion des Körpers, die uns hilft, Gefahren zu erkennen. Sie mobilisiert die nötigen Energien, um blitzschnell angemessen zu reagieren und somit überleben und die Art erhalten zu können. Sie mahnt uns zur Vorsicht und erhöhten Aufmerksamkeit.

In Gefahrensituationen wird unser vegetatives Nervensystem in Sekundenbruchteilen in Anspannung und Handlungsbereitschaft versetzt. Es kommt zur Ausschüttung von Adrenalin. Kreislauf und Muskelapparat sind jetzt in Alarmbereitschaft. Das Herz schlägt schneller, der Blutdruck steigt, die Muskeln spannen sich an. Körper und Geist sind konzentriert und in höchster Leistungsbereitschaft. Solche Alarmreaktionen laufen in Sekundenbruchteilen ab, weil unser Nervensystem über fertige „Programme" verfügt, die in Gefahrensituationen automatisch abgerufen werden können. Körperliche Reaktionen wie Unruhe, Herzrasen, Atemnot, Schwindel und Übelkeit, die mit diesen Stresssituationen verbunden sind, erleben wir als Angst. Sie sagen uns: „Achtung, Gefahr!" Ist die Gefahr vorbei, klingt die Angstreaktion wieder ab und Entspannung stellt sich ein.

Die Schwelle zwischen gesunder und krankhafter Angst

„Ein großer Teil der Sorge besteht aus unbegründeter Furcht."
(Hermann Hesse)

Allgemeines zum Thema Angst

Die Grenzen zwischen gesunder und krankhafter Angst sind fließend. Ängste reichen von einem mulmigen Gefühl bis hin zu heftigen Angstgefühlen mit starken körperlichen Beschwerden. Von krankhaften Ängsten spricht man, wenn sie bezüglich Intensität oder Dauer außer Kontrolle geraten, wenn sie das Gefühlsleben, die Handlungsfähigkeit sowie den Alltag der betroffenen Menschen einschränken oder sogar zu beherrschen beginnen.

Krankhafte Ängste führen nicht zu sinnvollem Verhalten, sondern sie lähmen und blockieren. Sie sind unverhältnismäßig stark oder anhaltend und stehen in keinem Verhältnis zu der auslösenden Situation. Geringste Anlässe führen zu lang andauernden Phasen der Angst oder zu heftigen Angstreaktionen, beispielsweise bei Phobien oder Panikattacken. Von krankhafter Angst spricht man auch, wenn jemand länger als ein halbes Jahr unter Ängsten leidet und aufgrund der Ängste seine beruflichen oder privaten Ziele nicht verwirklichen kann.

Was passiert bei Angststörungen im Körper?

Bei Angststörungen ist das Angstzentrum im Gehirn überaktiv. Die wahrgenommenen Reize werden nicht wie sonst gedanklich verarbeitet, sondern es erfolgt eine sofortige Reaktion. Die entwicklungsgeschichtlich sinnvolle automatisierte Kampf- oder Fluchtreaktion gerät außer Kontrolle. Das Emotionszentrum im Gehirn reagiert mit einer blitzschnellen Ausschüttung des Stresshormons Adrenalin, der Körper wird in Alarmbereitschaft versetzt. Während bei einer gesunden Angst die körperliche Reaktion sehr rasch wieder abklingt, bleiben krankhafte Ängste über eine unangemessen lange Zeit und oft mit unangemessener Intensität bestehen. Anhaltende Furcht, deren Ursache wir nicht greifen und der wir auch nicht entfliehen können, kann zu schwerwiegenden gesundheitlichen Folgen führen.

Die Folgen krankhafter Ängste

> *„Nach meinen Beobachtungen macht Angst vor allen Dingen dumm und hindert Menschen daran, über das zu verfügen, was in ihnen steckt."*
> *(Carmen Thomas)*

Krankhafte Ängste sind eine enorme Belastung für Körper, Geist und Seele. Sie können zu erheblichen psychischen und körperlichen Beeinträchtigungen führen. Sie ziehen häufig weitere Ängste und auch körperliche Krankheiten nach sich und können über eine Schwächung des Immunsystems auch schweren körperlichen Erkrankungen Tür und Tor öffnen.

Allgemeines zum Thema Angst

Bei Angstpatienten besteht ein höheres Risiko für weitere psychische Erkrankungen wie Depressionen oder Missbrauch und Abhängigkeit von Alkohol oder Drogen. Patienten mit sozialen Phobien beispielsweise sind nach Schätzungen der WPA (World Psychiatric Association) im Vergleich zur Allgemeinheit häufiger alleinstehend, haben weniger Freunde und Bekannte, eine geringere Bildung, fehlen häufiger auf der Arbeit und werden auch öfter entlassen. Zudem leiden sie oft an Depressionen, haben Suizidgedanken und neigen zu Alkohol- und Drogenmissbrauch.

Ängste führen nicht nur zu erheblichen psychischen und körperlichen Folgen. Sie behindern auch Millionen Menschen in ihrer beruflichen und persönlichen Entwicklung und rauben ihnen die Chance, ihre Fähigkeiten und Talente zu nutzen. Unzählige Menschen arbeiten so aufgrund ihrer Ängste weit unter ihren Fähigkeiten und Möglichkeiten.

Eine frühe Diagnose der Angsterkrankung ist sehr wichtig, da die möglichen familiären, beruflichen und gesundheitlichen Folgen umso stärker sind, je früher die Erkrankung beginnt und je länger sie anhält. Angstpatienten gehen jedoch häufig einen sehr langen Leidensweg. Weil die meisten Ängste in Kindheit und Jugend entstehen und Patienten generell zu lange warten, bis sie einen Arzt oder Psychologen aufsuchen, dauert es oft zehn Jahre oder länger, bis ein Arzt die richtige Diagnose stellt und die Angststörung behandelt wird. Viele Angstpatienten werden auch uneffektiv, mit zu langen und aufwendigen Therapien oder falsch behandelt, zum Beispiel nur mit Medikamenten. Es kommt auch vor, dass Angsterkrankungen überhaupt nicht erkannt werden.

Erscheinungsformen der Angst

Angststörungen haben viele Erscheinungsformen und verlaufen häufig sehr unterschiedlich. Spricht man von Angststörungen, sind im Einzelnen vor allem die folgenden gemeint:

- die Agoraphobie
- die soziale Phobie
- die spezifische Phobie
- die Panikstörung
- die generalisierte Angststörung

2.2 Formen der Angst

2.2.1 Agoraphobie – die Angst vor der Öffentlichkeit

Der Begriff „Agoraphobie" ist eine Zusammensetzung aus den griechischen Wörtern „agorá" (Marktplatz) und „phóbos" (Furcht). Agoraphobie bezeichnet jedoch nicht nur die Angst davor, große, ungeschützte Plätze zu überqueren, sondern vor allem auch die Angst, in eine Situation zu geraten, aus der man im Falle einer Gefahr nicht entfliehen bzw. in der Hilfe nicht schnell genug eintreffen kann (zum Beispiel in einem Stau auf der Autobahn) oder in der man durch Flucht in eine peinliche Situation gerät (zum Beispiel beim Friseurbesuch). Betroffene Patienten denken ständig an das Problem. Sie halten immer Ausschau nach Fluchtmöglichkeiten und sitzen im Restaurant oder im Kino immer auf den Randplätzen in der Nähe der Tür. Sie meiden alle Situationen, in denen sie keine Kontrolle haben oder Gefahr laufen, eine Angstattacke zu bekommen. Von einer Agoraphobie spricht man auch, wenn die Betroffenen vermeiden, weite Reisen allein zu unternehmen. Typische Orte, an denen die Agoraphobie auftritt, sind öffentliche Plätze, Geschäfte, Supermärkte, Bus, Bahn, Flugzeug, Auto, Fahrstuhl, Menschenansammlungen (überfüllte Kaufhäuser, Kino, Theater, Konzerte und andere Veranstaltungen). Wenn überhaupt, begeben sich die Betroffenen nur in Begleitung einer vertrauten Person in solche Situationen. Meist sind es die Partner, wodurch auch die Partnerschaft und das Familienleben belastet werden.

Die schlimmste Befürchtung agoraphobischer Patienten besteht darin, in Ohnmacht zu fallen und ohne Hilfe einer Situation ausgeliefert zu sein (Kontrollverlust). Subjektiv erleben die Betroffenen das Gefühl, in einer Falle zu sitzen, verbunden mit einer starken körperlichen Stressreaktion mit Symptomen wie Herzrasen, Atemnot, Zittern, Schweißausbrüchen, Schwindel und Übelkeit, Kribbeln in Armen und Beinen bis zum Auftreten von Panikattacken.

Aufgrund der sehr häufig mit der Agoraphobie verbundenen Panik neigen Betroffene zu starkem Vermeidungsverhalten und häufig auch zu einem Abbruch aller sozialen Beziehungen. Die Angst selbst wird zur Bedrohung (zur Angst vor der Angst siehe das Kapitel 2.3 „Klopftechnik") und sie verwandelt das Leben in ein Gefängnis mit unsichtbaren Gittern. In schweren Fällen sind die Betroffenen nicht mehr in der Lage, die eigene Wohnung zu verlassen. Manche Menschen mit Agoraphobie haben ihre Wohnung seit Jahrzehnten überhaupt nicht oder nur in Begleitung und für kurze Strecken verlassen. Die Agoraphobie gilt als die schwerwiegendste unter den Phobien, da sie das Leben am stärksten einschränkt.

Formen der Angst

2.2.2 Soziale Phobie – die Angst vor Menschen

Der Mensch ist ein soziales Wesen. Ausgrenzung aus der Gemeinschaft und Einsamkeit sind für ihn eine schwere Belastung. Der Verstoß aus der Sippe kommt in manchen Kulturen einem Todesurteil gleich. Dennoch gibt es Menschen, die beim Kontakt mit anderen Menschen starke Ängste erleben. Man spricht hier von einer sozialen Phobie. Diese ist gekennzeichnet durch dauerhafte und starke irrationale Ängste, die bei der Anwesenheit anderer Menschen auftreten.

Menschen mit sozialer Angst meiden gesellschaftliche Zusammenkünfte. Sie wollen nicht im Mittelpunkt stehen oder die Aufmerksamkeit anderer Menschen auf sich ziehen. Sie fühlen sich in Gesellschaft anderer ständig beobachtet und kritisch bewertet. Die Angst vor einer negativen Bewertung durch andere ist so groß, dass sie sozialen Situationen aus dem Wege gehen, wann immer es möglich ist. Sie nehmen nicht an familiären und beruflichen Feiern und Veranstaltungen teil, sie verreisen nicht mehr und halten keine Vorträge. Die soziale Angst fokussiert sich nicht auf die Angst vor Menschenmengen wie bei der Agoraphobie, sondern auf die Furcht vor prüfender Betrachtung durch andere Menschen in kleinen, überschaubaren Gruppen.

Menschen mit einer sozialen Phobie haben eine unangemessen starke Angst, negativ aufzufallen, sich lächerlich zu machen, die Erwartungen anderer nicht zu erfüllen, gänzlich zu versagen und als Person abgelehnt zu werden. Die Furcht, dass ihnen ihre Nervosität angesehen werden könnte, führt zu einer zusätzlichen Verstärkung der Angst.

Die soziale Phobie, die sich auch in Ängsten äußert, andere Menschen persönlich oder telefonisch anzusprechen oder angesprochen zu werden sowie öffentlich zu reden oder sich zu präsentieren, führt zu erheblichen Einschränkungen im persönlichen wie im beruflichen Leben. Unzählige fachlich kompetente Menschen haben aufgrund ihrer sozialen Ängste berufliche Entwicklungschancen und Aufstiegsmöglichkeiten nicht genutzt. Die Angst, mit Menschen aus dem alltäglichen Umfeld zu sprechen, wie beispielsweise mit Kollegen und Nachbarn, und besonders die Angst, mit dem anderen Geschlecht in Kontakt zu treten, hat natürlich auch extreme persönliche Konsequenzen.

Unbehandelt führt die soziale Phobie aufgrund des mit ihr verbundenen Vermeidungsverhaltens zu sozialer Isolation und zur Vereinsamung und damit häufig zur Entwicklung weiterer psychischer Probleme. Zu den Folgen gehören Depressionen und weitere Angststörungen sowie auch Missbrauch von Beruhigungsmitteln, Alkohol und Drogen, die konsumiert werden, um die Ängste zu lindern.

Formen der Angst

Soziale Ängste sind häufig verbunden mit einem niedrigen Selbstbewusstsein und Selbstwertgefühl sowie mit der Angst zu erröten. Wenn es nicht möglich ist, die angstbesetzten sozialen Situationen zu vermeiden, reagieren die Betroffenen körperlich und psychisch angespannt und entwickeln Angstsymptome wie Herzrasen, Zittern, Atemnot, Schwitzen, Übelkeit sowie auch Harndrang und Durchfall. Die Angst kann sich bis zu Panikattacken verstärken. Durch die Aufregung kommt es nicht selten zu Sprechhemmungen und zu häufigen Versprechern. Andere Menschen sprechen in diesen Situationen wiederum sehr schnell und beginnen zu nuscheln oder auch Wörter zu „verschlucken". Manche Patienten können in sozialen Situationen nicht mehr essen oder trinken, weil sie so stark zittern, dass sie Getränke verschütten oder ihnen das Essen von der Gabel fällt.

Um all das zu vermeiden, entwickeln Menschen mit sozialen Ängsten ein ausgeprägtes Meidungsverhalten, um allen Situationen, in denen sie der Bewertung anderer ausgesetzt sein könnten, aus dem Weg zu gehen. Die soziale Phobie gehört neben der Agoraphobie und den Panikattacken zu den häufigsten Angststörungen.

Der Unterschied zwischen Schüchternheit und sozialer Phobie
Die Grenzen zwischen Schüchternheit und sozialer Phobie sind fließend. Schüchterne Menschen sind kontaktscheu und im Umgang mit anderen Menschen unsicher und gehemmt. Auch sie erleben Angstsymptome und vermeiden bisweilen Situationen, in denen sie abgelehnt werden könnten. Bei Menschen mit einer sozialen Phobie sind die Ängste jedoch sehr viel stärker und häufiger als bei schüchternen Menschen. Sie haben noch weniger Selbstbewusstsein, ein noch geringeres Selbstvertrauen und Selbstwertgefühl und eine noch größere Angst vor Abwertung und seelischer Verletzung. Während die Unsicherheit schüchterner Menschen in einem gewissen Maße verständlich ist, sind die starken und unangemessenen Ängste von Menschen mit sozialer Phobie, die bei geringsten Anlässen auftreten, für andere nicht mehr nachvollziehbar.

Die Wurzeln der sozialen Phobie liegen in aller Regel in belastenden und prägenden Erlebnissen der Kindheit, aufgrund derer die Betroffenen kein gesundes Selbstbewusstsein, Selbstvertrauen und Selbstwertgefühl entwickeln konnten. Häufige Kritik und Ablehnung durch die Eltern oder andere wichtige Bezugspersonen oder auch belastende Erlebnisse bewirken, dass sich die betroffenen Kinder als störend, wertlos und nicht liebenswert erlebten. Sie haben ein sehr negatives Bild von sich selbst, können sich nicht lieben und akzeptieren und projizieren diese Ablehnung auf andere Menschen. Sie halten sich für wertlos und nicht liebenswert und sind überzeugt, dass andere sie ebenfalls so negativ wahrnehmen und beurteilen.

Formen der Angst

Sie wachsen auf in der ständigen Angst vor Ablehnung und tun alles, um andere nicht zu enttäuschen und deren Anerkennung zu bekommen. Oft entwickeln sie auch eine ausgeprägte Leistungshaltung, um sich beispielsweise in der Schule, im Beruf oder im Sport die fehlende Anerkennung zu holen. Aufgrund ihres geringen Selbstbewusstseins und Selbstwertgefühls sind sie übersensibel, leicht verletzbar und kränkbar.

2.2.3 Spezifische Phobien

Spezifische Phobien sind unbegründete und unverhältnismäßig starke Ängste vor objektiv ungefährlichen Situationen, Ereignissen, Gegenständen, Tätigkeiten, Menschen oder Tieren.

Die Angst vor öffentlichem Reden gilt weltweit als die häufigste Angst. Betroffene geben an, dass sie auf einer Trauerfeier lieber im Sarg liegen würden, als eine Rede zu halten. Andere bekannte Beispiele für spezifische Phobien sind Tierphobien wie die Angst vor Hunden, Schlangen oder Spinnen, situative Phobien wie die Angst vor Brücken, Tunneln, Fahrstühlen und Höhen, außerdem Angst vor engen Räumen, vor Prüfungen, vor Spritzen oder vor Dunkelheit. Es gibt fast nichts, wovor man nicht eine Phobie entwickeln könnte. Es sind mittlerweile mehrere Hundert verschiedene Phobien benannt und beschrieben worden.

Die Konfrontation mit den angstauslösenden Objekten oder der Angst auslösenden Situation erzeugt starke Angstattacken mit massiven körperlichen Angstsymptomen. Die Betroffenen haben Todesangst und erleben Beschwerden wie Herzrasen, Schweißausbrüche, Atemnot, Schwächegefühl, Verkrampfung der Muskulatur, Zittern, Kopfschmerzen, Übelkeit und das Gefühl, wahnsinnig zu werden. Aufgrund der Heftigkeit der Angstanfälle neigen diese Menschen dazu, die auslösenden Situationen möglichst vollständig zu meiden. Je nach Art der Phobie kann das Leben dadurch mehr oder weniger stark eingeschränkt werden. Da es sich um spezifische Situationen handelt, können diese im alltäglichen Leben aber häufig umgangen werden.

2.2.4 Panikstörung

Die Panikstörung, an der etwa vier Prozent aller Menschen im Laufe ihres Lebens erkranken, ist nach der Agoraphobie die häufigste Angststörung. Das wesentliche Kennzeichen einer Panikstörung sind wiederkehrende intensive Panikattacken.

Formen der Angst

Charakteristisch für Panikattacken ist, dass sie nicht vorhersagbar sind und sich nicht auf spezifische Situationen eingrenzen lassen. Sie treten plötzlich und anfallartig auf, wie aus heiterem Himmel, ohne dass eine objektive Gefahr besteht. Der Körper reagiert aber wie in einer realen Flucht- oder Kampfsituation mit einer blitzschnellen Adrenalinausschüttung und einer extremen körperlichen und psychischen Angstreaktion, was von den Betroffenen als akute Bedrohung ihrer Gesundheit erlebt wird.

Panikattacken beginnen plötzlich und völlig unerwartet. Sie dauern einige Minuten an (selten länger als 30 Minuten) und erreichen innerhalb weniger Minuten ihren Höhepunkt. Die häufigsten körperlichen Symptome sind Engegefühle in der Brust, Herzrasen, Herzschmerzen, Atemnot, Schweißausbrüche, Übelkeit, Zittern und Taubheitsgefühle. Als psychische Symptome zeigen sich Schwindelgefühle, Angst vor Kontrollverlust, Angst, in Ohnmacht zu fallen oder zu ersticken, Todesangst sowie das Gefühl, auf unsicheren Beinen zu stehen, und der Eindruck, alles sei unwirklich (Depersonalisation, Derealisation). Die Symptome sind so heftig, dass die Betroffenen sie als lebensgefährlich erleben und Angst haben, einen Herzinfarkt zu bekommen und zu sterben. Manche Patienten haben den Eindruck, verrückt zu werden, weil sie unter körperlichen Beschwerden leiden, aber kein Arzt etwas finden kann.

Weil Panikattacken oft als unerträgliche, lebensbedrohliche Zustände erlebt werden, entwickeln die Betroffenen *eine starke Angst vor Panikattacken* und beginnen, *Situationen zu meiden*, aus denen sie nicht schnell entfliehen und in denen sie keine rasche Hilfe bekommen können. Zusätzlich zur Panikstörung entwickelt sich eine Agoraphobie. Dementsprechend unterscheidet man zwei Arten von Panikstörungen: Panikstörungen ohne Agoraphobie und Panikstörungen mit Agoraphobie.

Panikattacken mit Agoraphobie kennzeichnet die Angst, in Situationen zu geraten, die man nur schwer oder gar nicht verlassen kann und in denen im Falle einer plötzlich auftretenden Erkrankung oder Panikattacke keine schnelle Hilfe verfügbar ist. Die entsprechenden Orte werden daher gemieden. Es kommt zu einer zunehmenden Einschränkung der Lebensqualität und häufig auch zur Einnahme von Suchtmitteln wie Psychopharmaka, Alkohol oder Drogen, um die Ängste zu lindern.

Panikattacken, die aufgrund der mit ihnen einhergehenden massiven körperlichen Symptome Todesängste auslösen, sind so traumatisch, dass Betroffene sich daraufhin zunehmend ängstlich beobachten, ob sich wieder eine Attacke anbahnt, an der sie beim nächsten Mal sterben könnten. Sie horchen ständig in sich hinein.

Formen der Angst

Geringste Symptome werden als Anzeichen einer lebensbedrohlichen Erkrankung oder der nächsten sich anbahnenden Panikattacke gedeutet. Sie verlieren das Vertrauen in den eigenen Körper und benötigen deshalb immer wieder die Bestätigung von Ärzten, dass sie organisch gesund sind und dass ihnen nichts passieren kann. Die ängstliche Beobachtung verstärkt die geistige und körperliche Anspannung und damit auch die körperlichen Angstreaktionen, die wiederum als erste Anzeichen für eine beginnende Panikattacke interpretiert werden. Dies verstärkt erneut die Angst – ein Teufelskreis, aus dem die Betroffenen nur schwer ausbrechen können.

Von einer Panikstörung wird gesprochen, wenn die Panikattacken mehrmals monatlich auftreten, wenn sich eine Erwartungsangst (Angst vor der Angst) entwickelt, die über einen Zeitraum von mindestens einem Monat anhält und zu Beeinträchtigungen im täglichen Leben führt. Menschen, die unter Panikattacken leiden, werden meist jahrelang mit Medikamenten behandelt, die jedoch die Ursachen der Panikstörung nicht beheben.

2.2.5 Generalisierte Angststörung

Patienten mit einer generalisierten Angststörung haben ein generell erhöhtes Angstniveau und leben in einem permanenten Zustand der Angst. Oft sind es diffuse Ängste ohne konkreten Anlass. Sie erleben ihre Sorgen und Ängste als unkontrollierbar und fühlen sich ihnen ausgeliefert. Die Sorgen reihen sich aneinander wie die Perlen einer Kette und ergreifen vom Denken und Fühlen und von der Befindlichkeit der Betroffenen Besitz. Sie verselbstständigen sich und werden unverhältnismäßig stark.

Menschen mit generalisierter Angststörung grübeln ständig und leben in einem Zustand permanenter Sorge und in einer ängstlichen Erwartungshaltung. Ihre ständigen negativen Gedanken, ihre unbegründeten Sorgen und Befürchtungen und ihr exzessives Grübeln drehen sich insbesondere darum, dass sie selbst oder jemand aus ihrer Familie lebensbedrohlich erkrankt sein könnten. Darüber hinaus findet sich eine große Anzahl weiterer Sorgen und Vorahnungen, die nicht Betroffenen kaum verständlich zu machen sind. Auch die Auslöser und das Ausmaß der Angst von Patienten mit einer generalisierten Angststörung sind für den Normalbürger nicht nachvollziehbar.

Die Betroffenen bekommen in alltäglichen Situationen starke Angst und geraten in Panik, denn ihre Ängste sind nicht wie bei einer Phobie von bestimmten Umgebungsbedingungen und Situationen abhängig, sondern werden durch geringste Ursachen ausgelöst und treten auch ohne erkennbaren Grund auf. Die Patienten leben unter ständiger Angst und Anspannung, woraus ein dauerhaft hohes psychisches und körperliches Erregungsniveau resultiert. Minimale Anlässe reichen aus, um die permanenten Spannungen in ausgewachsene Ängste umschlagen zu lassen. Angst wird zum ständigen Begleiter.

Auf dem Nährboden ständiger negativer Gedanken und Gefühle sowie permanenter Sorgen und Befürchtungen wachsen Unruhe und nervliche Übererregbarkeit, Reizbarkeit, Ruhelosigkeit und Nervosität sowie zahlreiche dauerhafte psychische und körperliche Spannungszustände. Diese resultieren in Ängsten und psychischen Symptomen wie Schwindelgefühle, Unsicherheit, Benommenheit, Angst vor Kontrollverlust, Angst zu sterben oder Entfremdungsgefühle (Derealisation und Depersonalisation).

Ängste und psychische Symptome sind jedoch nur ein Teil der Last, die Patienten mit generalisierten Angststörungen zu tragen haben. Sie leiden auch unter ständigen körperlichen Beschwerden. Zu den häufigsten Symptomen zählen Nervosität, Zittern, Herzrasen, innere Unruhe, Schwindel, Hitzewallungen, Schwitzen, Benommenheit, Muskelverspannungen, Oberbauchbeschwerden, Spannungskopfschmerz oder auch unspezifische körperliche Beschwerden und Schlafstörungen.

Die generalisierte Angststörung führt zu schwerwiegenden Beeinträchtigungen der Lebensqualität. Permanente Ängste und zahlreiche körperliche Beschwerden sind sehr kräftezehrend und erlauben kaum, alltägliche Aufgaben zu bewältigen und ein normales Leben zu führen.

Bei generalisierten Ängsten liegt ein größerer psychischer Störungsgrad vor als bei Phobien oder Panikstörungen. Die Behandlung ist auch dementsprechend aufwendiger. Bei der generalisierten Angststörung spielen vor allem verdrängte traumatische Erfahrungen und unbewusste Konflikte eine wichtige Rolle.

Die größte Sorge der meisten Menschen mit generalisierter Angststörung ist die Angst, an einer tödlichen Erkrankung zu leiden. Sie begeben sich häufig aufgrund ihrer körperlichen Beschwerden in ärztliche Behandlung. Die wichtigste psychologische Maßnahme des Arztes besteht darin, den Patienten zu versichern, dass sie an keiner solchen tödlichen Krankheit leiden. Darüber hinaus soll bei den Betroffenen die Bereitschaft erreicht werden, an einer Psychotherapie teilzunehmen, denn eine medikamentöse Behandlung lindert nur die Symptome, behandelt aber nicht die Ursachen. Entspannungsmethoden können helfen, die permanente

Formen der Angst

Anspannung und Nervosität und die daraus resultierenden psychischen und körperlichen Beschwerden zu vermindern. Eine ursachenorientierte Behandlung ist jedoch nur im Rahmen einer psychologischen Therapie möglich.

Die meisten Patienten mit einer generalisierten Angststörung werden medizinisch behandelt, obwohl eine psychologische Behandlung angemessener wäre. Das liegt vor allem daran, dass sie in aller Regel wegen ihrer Nervosität und ihrer körperlichen Beschwerden zum Hausarzt gehen. Sie verschweigen meist, dass sie ständig grübeln und sich Sorgen machen. So erfolgt die Behandlung häufig rein symptomorientiert und die Angststörung wird nicht oder erst nach vielen Jahren erkannt.

3. Grad der Hypnotisierbarkeit

In der Hypnoseliteratur findet man immer wieder den Hinweis, dass circa fünf bis zehn Prozent aller Menschen nicht hypnotisierbar sind. In diesem Buch geht es zwar nicht um die Hypnosetherapie, aber der Sachverhalt, dass es Menschen gibt, die besser, und andere, die weniger gut oder auch gar nicht auf Hypnose und Selbsthypnose ansprechen, ist jedem Arzt und natürlich auch jedem Hypnosetherapeuten bekannt. Dementsprechend profitieren manche Patienten mehr und andere weniger oder gar nicht von der Hypnosetherapie oder auch der Selbsthypnose.

Die Aussage, dass fünf bis zehn Prozent der Bevölkerung *generell* nicht hypnotisierbar sind, ist jedoch nicht unumstritten. Die moderne Hypnosetherapie geht vielmehr davon aus, dass aufgrund der weiterentwickelten Hypnosetechniken außer im Fall bestimmter Erkrankungen (wie Psychosen oder Hirnschädigungen) prinzipiell jeder Mensch bis zu einem gewissen Grad hypnotisierbar ist. Der Sachverhalt, dass manche Menschen zu einem bestimmten Zeitpunkt weniger oder nicht hypnotisierbar sind und daher weniger oder nicht von Hypnose oder Selbsthypnose profitieren, bleibt jedoch unumstritten.

4. Hirnwellenstimulation

Auf der Begleit-CD zum Buch wurde die Selbsthypnose mit einer Technologie der angewandten Neurowissenschaft verbunden, um auch Menschen den Zugang zur Selbsthypnose zu eröffnen, die ohne Hilfsmittel Schwierigkeiten haben, zu entspannen und in Trance zu gehen. Es handelt sich dabei um die Hirnwellenstimulation, die den Frequenz-Folge-Effekt nutzt, um mittels akustischer Stimulation gewünschte Zustände des Gehirns zu erzeugen. Zur Unterstützung der Selbsthypnose werden Gehirnzustände angeregt, die mit einer tiefen körperlichen Entspannung verbunden sind und in denen das Gehirn sehr aufnahmefähig für programmierende Suggestionen ist.

Was sind Gehirnwellen?

Das menschliche Gehirn besteht aus Milliarden von Hirnzellen, den sogenannten Neuronen, die mit Hilfe elektrischer Impulse miteinander kommunizieren. Die Summe all dieser Impulse bestimmt die gesamte elektrische Aktivität des Gehirns, die mittels EEG (Elektroenzephalogramm) erfasst und dargestellt werden kann. Die gemessenen Signale des Gehirns bilden ein wellenförmiges Muster und werden deshalb Gehirnwellen genannt.

Die elektrische Aktivität des Gehirns ändert sich in Abhängigkeit von der Tätigkeit und dem Bewusstseinszustand des Menschen (siehe die Tabelle unten). Die Gehirnwellen einer schlafenden Person unterscheiden sich beispielsweise erheblich von den Gehirnwellen eines wachen Menschen. Durch die Beobachtung der Hirnwellen ist es somit möglich, Aussagen über den mentalen Zustand und über die Gesundheit eines Menschen zu treffen. Deshalb ist die Messung der Hirnaktivität in der Medizin eine Standarduntersuchungsmethode. Sie wird hauptsächlich von Neurologen und Psychiatern angewendet, um die Gesundheit und die Aktivität des Gehirns zu beurteilen.

In der nachfolgenden Tabelle werden die wichtigsten Hirnwellen und die mit ihnen in Zusammenhang stehenden Aktivitäten und Bewusstseinszustände dargestellt.

Hirnwellenstimulation

Gehirnwellen	Frequenz	Dazugehörige geistige Aktivität
Delta	0–4 Hz	Langsamste Gehirnaktivität. Frequenzbereich, der dem *Unbewussten* zugeordnet wird. Auftreten in tiefem, traumlosem Schlaf. Zustand der vollständigen Bewusstlosigkeit, in dem die Heilungsaktivität des Körpers verstärkt wird.
Theta	4–8 Hz	Auftreten bei leichtem Schlaf (Träume), bei extremer Entspannung und in Hypnose. Frequenzbereich, der dem *Unterbewusstsein* zugeordnet wird. Das Gehirn ist besonders aufnahmefähig für Suggestionen.
Alpha	8–12 Hz	Entspannter Wachzustand. *Zustand zwischen Wachsein und Schlaf.* Tritt auf bei Augenschluss, Tagträumen, leichter Meditation, leichter Hypnose und unmittelbar vor dem Einschlafen. Im Alphazustand sind die Menschen besonders aufnahme- und lernfähig.
Beta	12–30 Hz	Frequenzbereich, der dem *Wachbewusstsein* zugeordnet wird. Zustand, in dem sich die meisten Menschen befinden, während sie wach sind.
Gamma	30–100 Hz	Zustand sehr starker Konzentration. Verstärkte Regeneration der Nervenzellen.

Hirnwellenstimulation

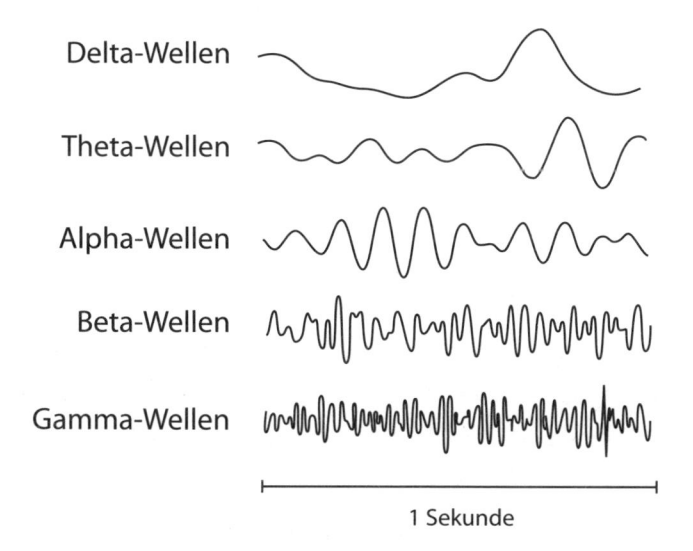

Bild 14 zeigt die grafische Darstellung verschiedener Hirnwellen:

Delta-Wellen

Theta-Wellen

Alpha-Wellen

Beta-Wellen

Gamma-Wellen

1 Sekunde

Erzeugung gewünschter Hirnwellen (Hirnwellenstimulation)

Gehirnwellen spiegeln den mentalen Zustand eines Menschen wider. Andersherum ist es jedoch auch möglich, über Hirnwellenstimulation eine gezielte Veränderung des mentalen Zustandes anzuregen. Jeder hat schon einmal die Erfahrung gemacht, dass schnelle Rhythmen aktivierend und mitreißend wirken und langsamere Rhythmen eher beruhigend.

Wenn das Gehirn durch Rhythmen stimuliert wird, reproduziert sich dieser Rhythmus im Gehirn als Abfolge elektrischer Impulse. Wenn ein Rhythmus lange und intensiv genug einwirkt, beginnt sich der Rhythmus des Gehirns diesem äußeren Rhythmus anzugleichen. Dieser Prozess wird Frequenz-Folge-Reaktion (FFR) genannt.

Aufgrund der Frequenz-Folge-Reaktion ist es möglich, die Hirnaktivität und damit auch den mentalen Zustand eines Menschen in gewünschter Weise zu beeinflussen. Zum Beispiel treten im Schlaf Gehirnwellen mit einer Frequenz von vier Hertz auf. Ein rhythmischer Takt mit der Frequenz von 4 Hertz kann helfen, ein Gehirnmuster zu etablieren, wie es während des Schlafes auftritt.

Hirnwellenstimulation

Die Stimulation des Gehirns kann auf optische und auf akustische Weise erfolgen. Die optische Stimulation erfolgt durch Lichtblitze in der gewünschten Frequenz und die akustische durch Töne (sogenannte monaurale, binaurale oder isochrone Beats). Die akustische Stimulation ist für den Alltagsgebrauch deutlich praktikabler als die optische Stimulation, da man sie über Kopfhörer oder teilweise auch über Lautsprecher darbieten und sich währenddessen mit offenen Augen mit etwas anderem beschäftigen kann.

Binaurale Beats
Wenn beispielsweise dem rechten Ohr eine Frequenz von 200 Hertz dargeboten wird und dem linken Ohr eine Frequenz von 210 Hertz, dann wird im Gehirn eine „stehende Welle" mit der Frequenz von 10 Hertz erzeugt, die dem natürlichen Alpha-Rhythmus des Gehirns entspricht. Die Darbietung der verschiedenen Frequenzen erfolgt über Kopfhörer oder Stereolautsprecher. Der im Gehirn entstehende „Ton" ist im Vergleich zu den beiden Ausgangstönen sehr leise, weshalb eine möglichst störungsfreie Umgebung erforderlich ist. Der Vorteil dieser Methode besteht darin, dass die gewünschte Frequenz direkt im Gehirn erzeugt wird, wodurch beide Gehirnhälften synchronisiert werden.

Monaurale Beats
Monaurale Beats unterscheiden sich von binauralen Beats lediglich dadurch, dass man sie ohne Kopfhörer verwendet. Mit Kopfhörern wird aus monauralen Beats ein binauraler und ohne Kopfhörer wird aus binauralen Beats ein monauraler.

Isochrone Beats
Wenn man einen „normalen" Ton von beispielsweise 10 Hertz grafisch darstellt, erhält man eine Sinuskurve mit 10 „Bergen und Tälern" pro Sekunde. Das menschliche Ohr kann einen solchen Ton nicht wahrnehmen. Eine Lösung des Problems wurde in der Möglichkeit gefunden, 10 einzelne Töne innerhalb einer Sekunde darzubieten, die jeweils von kurzen Pausen unterbrochen sind. Das hört sich bei einer entsprechenden Frequenz an wie der Propeller eines Hubschraubers. Diese Frequenz ist jetzt für den Menschen gut hörbar und kann auch mit der gewünschten Lautstärke dargeboten werden. Isochrone Beats bewirken nachweislich eine effektivere Stimulierung des Gehirns als binaurale oder monaurale Beats, um mittels Frequenz-Folge-Effekt die gewünschten Wellen und Bewusstseinszustände im Gehirn zu erzeugen.

Hirnwellenstimulation

Auf der Begleit-CD zum Buch werden isochrone Beats verwendet. Durch sie wird die Bildung von Theta-Wellen angeregt, die insbesondere für Menschen hilfreich sind, die Schwierigkeiten haben, ohne Unterstützung körperlich und geistig zu entspannen. Im Bereich der Theta-Wellen sind Gehirn- und Nervensystem besonders aufnahmefähig für programmierende Suggestionen, wodurch die Wirkung der Selbsthypnose zusätzlich verstärkt wird.

Für optimale Erfolge empfiehlt sich die Verwendung von Kopfhörern.

Über den Autor

Dr. Norbert Preetz studierte klinische Psychologie an der Humboldt-Universität zu Berlin. Anschließend promovierte und arbeitete er an der Klinik für Neurologie und Psychiatrie der Medizinischen Akademie der heutigen Universität Magdeburg. Er erlernte alle wichtigen Formen der klassischen Psychotherapie (Gesprächspsychotherapie, Verhaltenstherapie, Tagtraumtherapie, Psychoanalyse).

Sein Interesse galt von Anfang an auch alternativen Behandlungsmethoden mit dem Ziel der schnellen und effektiven Veränderung der Beschwerden. Seit Beginn seiner Studienzeit beschäftigte er sich intensiv mit Hypnose. Er absolvierte zahlreiche Hypnoseausbildungen im In- und Ausland.

Dr. Preetz ist als Hypnosetherapeut in privater Praxis in Magdeburg sowie als Referent und Trainer tätig. Er ist auf die Behandlung von Ängsten und Leistungsblockaden spezialisiert. In zahlreichen Fernsehbeiträgen konnte er die Wirksamkeit seiner Behandlungsmethoden erfolgreich demonstrieren.

Seit Jahren vermittelt Dr. Preetz jährlich Hunderten Patienten, Geschäftsleuten und Menschen aus allen Bereichen der Gesellschaft Selbsthilfemethoden, mit denen es möglich ist, Ängste, andere psychische und körperliche Beschwerden sowie Leistungsblockaden zu überwinden. Er bezeichnet es als seine Mission, möglichst vielen Menschen zu helfen, ihr Leben wieder stärker in die eigenen Hände zu nehmen und gesünder, glücklicher und erfolgreicher zu werden. Auf der Webseite zu diesem Buch (www.niewiederangst.com) finden Sie zusätzliche (kostenlose) Informationen sowie Audio- und Videodateien, die Ihnen helfen, diese Ziele zu erreichen.

Stichwortverzeichnis

Affirmationen .... 80f.
Agoraphobie 121, 153
   mit Panikattacken 157
   Platzangst 64
Akupunktur 47
Alpha-Gehirnwellen 166
Angst ....
   als Programm im Computer Mensch 73
   als Schutzreaktion des Körpers 149
   an tödlicher Erkrankung zu leiden 159
   behandeln durch Klopftechnik .... 45ff.
   behandeln durch Suggestionen 75
   behandeln durch Trittbrettfahrereffekt 60
   behandeln mit Handflächen-Phobietechnik
   29
   behandeln mit Kino-Phobietechnik 39
   Behandlung reicht nicht aus 130
   beim Autofahren .... 41f.
   Chronifizierung 120
   durch Hypnoanalyse behandeln 140
   durch positive Aspekte vermindern 65
   durch Suggestionen bekämpfen .... 77f.
   Entstehung 19
   Erläuterung 149
   Folgen krankhafter Ängste 151
   gesunde und krankhafte 150
   Höhenangst behandeln 60
   in schwierigen Fällen besiegen 110
   körperliche Symptome 58
   Methoden der Selbstbehandlung 25
   Panikstörung 156
   Schaltkreise im Gehirn 22
   Schüchternheit 155
   ständig auf Toilette zu müssen .... 68f.
   überwinden durch Mantratechnik .... 101f.
   überwinden mit Symboltechnik 95
   unzureichender Behandlungserfolg 130
   Ursachen .... 19, 106f.
   vom Facharzt behandeln lassen 134
   vor der Angst 56
   vor der Öffentlichkeit 153
   vor engen Räumen 64
   vor Erröten 74
   vor Hunden .... 36f.
   vor Kontrollverlust 81
   vor Menschen 154
   vor öffentlichen Reden 156
   vor Prüfungen 74
   vor Spinnen 36
   vor Tauben 21
   vor Wasser 30
   vor weiten Plätzen 64
angstfrei ins Land der Freiheit 127
Angstfreiheit als Entwicklung 130
Angststörung
   betroffener Bevölkerungsanteil 19
   generalisierte .... 158f.
   spät oder nicht erkannt 160
   Was passiert? 150
Angstüberwindung als erster Schritt 125
Angstzentrum im Gehirn 150
aufdeckende Selbsthypnose 105
Autobahntrance 83
Autopilot, innerer 127
Autorenporträt von Dr. Norbert Preetz 171
Avicenna 122

Bedeutungswahn 135
Beenden der Selbsthypnose 103

Stichwortverzeichnis

Begleit-CD
    Einleitung der Selbsthypnose 85, 89
    Entspannungsübungen 147
    für Selbsthypnose .... 84f.
    Hinweise zu Selbsthypnose .... 90f.
    Hirnwellenstimulation 165
    Mantratechnik 101
    Selbsthypnose zur Angstbehandlung 92
Begleitumstände einer Angsterkrankung 122
Behandlungspunkte
    bei Handflächen-Phobietechnik .... 30f.
    bei Klopftechnik 49
Benommenheit 159
Beta-Gehirnwellen 166
binaurale Beats 168
biografische Ebene .... 57f.

Chronifizierung einer Angsterkrankung 120

Dave Elman 74
Delta-Gehirnwellen 166
Demütigung durch Mitschüler 58
Denkstörungen, inhaltliche 135
Depersonalisation 159
Derealisation 159
Dr. Moshé Zwang 29, 33
Dr. Norbert Preetz, Autorenporträt 171

EEG 165
Energiesystem der chinesischen Medizin ... 45f.
Entspannung
    durch Selbsthypnose 85
    geistige .... 85f.
    körperliche 85
    trainieren .... 145f.
Entspannungsübungen .... 145ff.
Entspannungsübungen auf Begleit-CD 147
Errötungsangst 74, 101, 112
Erscheinungsformen der Angst 151
Erythrophobie 74

Fallbeispiel
    Agoraphobie 121
    Angst beim Autofahren .... 41f.
    Angst vor Tauben 21
    Angst vor Wasser 30
    Angst, ständig auf Toilette zu müssen ..... 68f.
    Errötungsangst 112
    Höhenangst 60
    Hundephobie .... 36f.
    mehr Selbstvertrauen durch Selbsthypnose 72
    Panikattacken .... 141ff.
    Platzangst .... 141ff.
    Spinnenphobie 36
Feedback zum Autor 127
FFR, Hirnwellenstimulation 167

Gamma-Gehirnwellen 166
Gedächtnis durch Suggestionen verbessern .. 79
Gefühlsebene .... 57f.
Gehirn, Angstzentrum 150
Gehirn, Heilungspotenzial 23
Gehirnwellen 165
Gelassenheit erzielen 72
generalisierte Angststörung .... 158f.
Gesundheitsgewinn, sekundärer 126
Grad der Hypnotisierbarkeit 163
Grenzen und Risiken der Selbstbehandlung 133
Größenwahn 135

Halluzinationen 135
Handflächen-Phobietechnik .... 29ff.
    Behandlungsschritte 34
    Erfolgstest 34
    Grenzen 35
    häufige Fragen 35
    Hundephobie .... 36f.
    Spinnenphobie 36
Handflächen-Therapie 29
Handkanten-Punkt .... 49f.
Handlinien .... 30f.

Stichwortverzeichnis

Herzrasen 159
Hirnaktivität beeinflussen 167
Hirnforschung und Selbsthypnose 89
Hirnwellen, grafische Darstellung 167
Hirnwellenstimulation .... 89, 165ff.
Höhenangst 57, 60
Horrorfilm im Kopf 39
Hundephobie .... 36f.
Hypnoanalyse
    als Kronjuwel der Hypnose 140
    als schnelles Werkzeug 140
    Fallbeispiel .... 141ff.
    zur Behandlung von Angsterkrankungen 140
Hypnose .... 139f.
    Beispiele für Selbsthypnose 82
    Ist jeder Mensch hypnotisierbar? 163
Hypnosetherapie .... 139f.

Isochrone Beats 168

Karate-Punkt .... 49f.
Kino-Phobietechnik 39
    Angst beim Autofahren .... 41f.
    Behandlungsschritte 40
    Dauer 41
    Erfolgstest 41
Klaustrophobie 64
Klopfbehandlung
    3 Ebenen 57
    bei Höhenangst .... 60ff.
    bei komplexen Ängsten 64
    Dauer 59
    durch positive Aspekte verstärken 65
    Grundannahmen 47
    wirkt nicht 67
Klopfen in der Praxis .... 53f.
Klopftechnik 45
    als Selbsthilfemethode 47
    Behandlungspunkte 49
    Behandlungsschritte .... 52f.

biografische Ebene .... 57f.
Erfolgstest 55
Gefühlsebene .... 57f.
Grundannahmen 47
Höhenangst behandeln .... 60ff.
Höhenangst wegklopfen 57
in der Praxis 54
Symptomebene 57
versus Akupunktur 47
Konditionierung 20
Kontraindikationen .... 26, 133f.
Kontraindikationen, relative 136
Kontrollverlust 153
körperliche Folgen krankhafter Ängste ... 151
körperliche Symptome der Angst 58
Krankheitsgewinn, sekundärer 121
kritischer Verstand und Selbsthypnose ... 113

Liebeswahn 135
Loslassen durch Entspannen 145

Mandelkern 22
Mantratechnik 101
Meridianklopfen 46
monaurale Beats 168
Muskelverspannungen 159

Nervosität 159
Neuronen 165

Palmtherapy 29
Panikattacken 141ff., 157
Panikattacken mit Agoraphobie 157
Panikstörung .... 156ff.
Paranoia 135
Pawlow .... 20f.
Persönlichkeitsstörung, hypochondrische ... 136
Platzangst .... 64, 141ff.
Preetz, Dr. Norbert 171

Stichwortverzeichnis

Prüfungsangst 74, 101
    durch Suggestionen bekämpfen 76
psychische Folgen krankhafter Ängste 151

Reizbarkeit 159
Ruhelosigkeit 159
ruhig und gelassen werden 72

Schlafstörungen 159
Schüchternheit 155
schwierige Fälle beim Besiegen von Ängsten
.... 110
Schwindelgefühle 159
Schwitzen 159
Selbstbehandlung 25
    Grenzen und Risiken 133
Selbsthypnose 71
    Angst vor Kontrollverlust 81
Angstbehandlung mit Begleit-CD 92
Anleitung 84
aufdeckende 105
beenden 103
Beispiele 82
Chancen 72
erfolgreich lernen 83
Erfolgsgeheimnisse 115
Erfolgsjournal 114
Erläuterung 71
funktioniert nicht .... 112ff.
für Berufs- und Lebenserfolg 111
Häufigkeit 103
    kritische Reflexion 81
    mit Begleit-CD .... 84f., 89ff.
    Saboteure 81
    stille Wirkung 114
    Suggestionen 75
    und Hirnforschung 89
    und kritischer Verstand 113
    und störende Gedanken 111
    verbessert Gedächtnis 79

vertiefen 115
vor Einschlafen 103
zur Ruhe kommen 111
Selbstvertrauen, fehlendes 155
Selbstwertgefühl, fehlendes 155
soziale Phobie 154
soziale Phobie und Schüchternheit 155
Spinnenphobie 36, 101
störende Gedanken bei Selbsthypnose 111
Suggestionen .... 71ff.
    Beispiele 75f., 79
    für Symboltechnik erstellen .... 96f.
    Gedächtnis verbessern 79
    gegen Prüfungsangst 76, 79
    maßschneidern 75
    Tipps und Tricks .... 77f.
    Ursache von Ängsten aufdecken .... 106f.
    Vorteile gegenüber Affirmationen 80
    zur Programmierung des Unterbewusstseins
.... 75
Symboltechnik
Anwendungsschritte .... 95ff.
Erläuterung 95
Symptomebene 57

Tagträumen 82
TCM 46
Theta-Gehirnwellen 166
Trance als Bestandteil des Lebens 83
Trancezustand durch Selbsthypnose mit CD 88
traumatische Erfahrungen heilen mit Hypnose/
    Selbsthypnose 108
Trittbrettfahrereffekt 59

Unterbewusstsein 166
    kann Ängste überwinden 105
Ursachen der Angst, unbearbeitete 129

Verfolgungswahn 135
Vertiefung der Selbsthypnose 115

Stichwortverzeichnis

Wachbewusstsein 166

Zittern 159

Literaturempfehlungen

Literatur zur Handflächen-Phobietechnik

Zwang, Moshé, Zwang, Diana, Swery Yaron:
Palm Therapy: Program Your Mind Through Your Palms – A Major Breakthrough in Palmistry.
Paperback, 1995. ISBN: 0-9645519-2-6

Literatur zur Kino-Phobietechnik

Die Kino-Phobietechnik stammt aus dem NLP (Neurolinguistisches Programmieren) und existiert in verschiedenen Varianten. Die in diesem Buch vermittelte Variante habe ich vor Jahren in Gesprächen mit einem Kollegen auf einem Seminar in den USA kennengelernt. Dem interessierten Leser wird empfohlen, Standardwerke des NLP zu lesen, in denen diese Methode als Standardtechnik in verschiedenen Abwandlungen beschrieben wird.

Literatur zur Klopftechnik

Ein sehr differenziertes und ausführliches Vorgehen finden Sie in den Büchern von Fred Gallo.

Gallo, Fred P.:
Energetische Psychologie.
VAK, 2000, Taschenbuch.

Die Bücher von Gallo sind sehr differenziert, jedoch eher für den routinierten Behandler und nicht für die Selbstanwendung gedacht.
Wenn die englische Sprache für Sie keine Barriere darstellt, empfiehlt sich der DVD-Trainingskurs von Gary Craig, dessen Verdienst es war, die energetische Psychologie bzw. die Meridiantherapie auf den wesentlichen Kern zu reduzieren und damit zu vereinfachen und für jedermann leicht anwendbar zu machen. Ein weiteres Verdienst von Gary Craig war es, diese einfach anzuwendende Methode einer großen Zahl von Anwendern zugänglich zu machen. Damit hat er entschei-

Literaturempfehlungen

dend zur Verbreitung dieser wunderbaren Methode beigetragen. Die Trainings-Videos von Gary Craig können Sie über die Webseite des Autors (www.emofree.com) bestellen.

Die Möglichkeiten, die Meridiantherapie zur schnellen Behandlung von Phobien einzusetzen, wurden bereits von Roger Callahan beschrieben:

Callahan, Roger J.:
Leben ohne Phobie: Wie Sie in wenigen Minuten angstfrei werden.
Vak. Reihe: Energy Psychology®. ISBN: 978-3-924077-07-5 (Originaltitel: The Five Minute Phobia Cure).

Literatur zur Selbsthypnose

Als eines der besten Bücher zur Selbsthypnose empfehle ich:

Leslie M. LeCron:
Selbsthypnose – Ihre Technik und Anwendung im täglichen Leben.

Das Autogene Training ist eine von J. H. Schultz in den zwanziger Jahren des 20. Jahrhunderts entwickelte Form der Selbsthypnose. Ihr Wert vor allem für die verschiedenen Bereiche der Medizin wurde in Hunderten Studien nachgewiesen. Es gibt nahezu kein gesundheitliches Problem, das nicht mithilfe des Autogenen Trainings positiv beeinflusst werden kann. Insbesondere als Fundgrube für Suggestionen empfehlen sich daher die Bücher zum Thema „Autogenes Training". Hier empfehle ich die Originalwerke von J. H. Schultz, insbesondere die Werke, in denen nicht nur die Unterstufe, sondern auch die Oberstufe des Autogenen Trainings dargestellt wird. Die Bücher zum Autogenen Training sind oft auch eine Fundgrube für bewährte Suggestionen.

Ein Buch, das ich bereits als Student gelesen habe, und das seinen Wert bis heute nicht verloren hat, ist folgender Titel:

Thomas, Klaus:
Praxis des Autogenen Trainings. Selbsthypnose nach I. H. Schultz: Grundstufe. Formelhafte Vorsätze. Oberstufe.
Georg Thieme Verlag, 1972

Weitere interessante Produkte:

Online-Seminar „Nie wieder Angst"

In diesem Videoseminar lernen Sie unter anderem
- was Selbsthypnose ist und wie sie gegen Ängste helfen kann
- eine Schritt-für-Schritt-Anleitung zum erlernen der Selbsthypnose
- die drei Ebenen der Klopfbehandlung: Ohne dieses Wissen bleiben viele Behandlungen erfolglos

Was genau bietet das „Nie wieder Angst"-Videoseminar?
- eine Schritt-für-Schritt-Erklärung wirksamer Selbsthilfemethoden
- eine genaue Anleitung für Ihren persönlichen Erfolg
- Selbsthilfemethoden, die besonders schnell und leicht zu erlernen sind

Weitere Informationen finden Sie unter www.preetz-hypnose.de/shop

Online-Seminar „Aktivierung der Selbstheilungskräfte"

In diesem Videoseminar lernen Sie unter anderem
- sowohl Stress als auch emotionale Belastungen aus der Vergangenheit zu erkennen und zu überwinden
- die Selbstheilungskräfte des Körpers gezielt zu aktivieren
- Krankheiten zu überwinden und gesünder zu werden

Wem nützt das Videoseminar „Aktivierung der Selbstheilungskräfte"?
Wenn Sie selbst etwas tun wollen, um körperliche Beschwerden und Erkrankungen zu überwinden und glücklicher und erfolgreicher zu werden, finden Sie im Videoseminar „Aktivierung der Selbstheilungskräfte" das, wonach Sie gesucht haben. Nehmen Sie Ihr Leben ab sofort wieder mehr in die eigenen Hände!

Für Ihre Notizen